Anke Schulz

Luruper Immobilien der Erbengemeinschaft Salomon Bondys

Dokumente einer Enteignung im Nazi - Deutschland

1. Auflage Januar 2013
© Anke Schulz
alle Rechte vorbehalten

Herstellung und Verlag:
BoD - books on demand, Norderstedt

ISBN 9783848264490

Inhaltsverzeichnis

Vorwort

Mit der ‚Verordnung zur Ausschaltung der Juden aus dem Wirtschaftsleben' am 12. November 1938 wurden Enteignung und ‚Arisierungen' zur staatlichen Doktrin der Nationalsozialisten. Mit dieser Verordnung wurde die ‚Endlösung der Judenfrage', der Holocaust, vorbereitet. Die Folgen dieser Doktrin waren auch in den Stadtrandgebieten Altonas und Hamburg präsent. Während die in diesen Stadtteilen lebenden Juden eine Schikane nach der anderen erleiden mussten, konnten infolge der ‚Arisierungen' die ‚arischen' Nachbarn Immobilien teilweise zu Spottpreisen erwerben.

Auch in Lurup im Nordwesten Hamburgs wurde nach 1945 über die Verbrechen gegen die Menschlichkeit, die Führungspersönlichkeiten des Stadtteils in der NS - Zeit begangen hatten, weitestgehend Stillschweigen bewahrt, bestenfalls wurden Verstrickungen in das NS - Regime nur beschönigend dargestellt. In der Regionalgeschichtsschreibung des Hamburger Stadtteils, der vor dem Groß-Hamburg-Gesetz von 1937 zu Altona gehört hatte, wird die Geschichte der Luruper Juden nicht erwähnt. So wird der Eigentumswechsel einiger Immobilien der Erbengemeinschaft Salomon Bondys im Buch ‚Unser Lurup' von Udo Krell mit wenigen Stichworten nur angedeutet, die jüdische Religionszugehörigkeit der Familie Bondy benennt der Autor nicht. Udo Krell beschreibt detailreich die einzelnen Hofstellen des Stadtteils, die von den nach seiner Darstellung genuinen Bauernfamilien wie die Eckhofs, Lüders, Ladiges, Langelohs und Heidorns begründet worden sein sollen. Die Hofstelle 6 an der Luruper Hauptstraße, die im 19. Jahrhundert u.a. Angehörigen der Bauernfamilien Langeloh, Ladiges und Eckhof gehört hatte, sei vom Kaufmann Bruno Berg verkauft worden: „1917 3. Nov. Laut Auflassung ist Eigentümer Salomon Bondy in Hamburg, Kleine Reichenstraße 17. Der Hof bzw. die Landstelle veränderte sich in ihrem Bestand nur unwesentlich: 1938 12 ha 17 a 31 qm"[1] Salomon Bondy habe ebenfalls die Hofstelle 13 an der Luruper Hauptstraße, die vordem u.a. dem Landwirt Timm und dem Gärtnereibesitzer Hader gehört habe, ebenfalls 1917 vom Kaufmann Bruno Berg erworben, dann aber weiterverkauft:

---

[1] Udo Krell, Unser Lurup, Hamburg 1978, S. 225

„1917 3. Nov. Laut Auflassung ist Eigentümer Salomon Bondy in Hamburg, Kleine Reichenstraße 17.
1931 ... [sic] Laut Auflassung ist Eigentümer der Oberwachtmeister Karl Wilhelm Burrack. Der Hof bzw. die Landstelle verkleinerte sich durch laufende Verkäufe von Teilstücken wie folgt:
1939: 6 ha 12 a 18 qm, 1940: 6 ha 11 a 18 qm"[1]

Salomon Bondy war einer der bedeutendsten Grundbesitzer des Stadtteils. Als er 1932 verstarb, hinterließ er seinen Kindern ca. 50 ha Immobilien in Lurup, Othmarschen und Niendorf, die vor allem nach der Reichskristallnacht durch die nationalsozialistischen Behörden enteignet wurden. Der Name des ‚Oberwachtmeisters' Karl Wilhelm Burrack ist auch auf einem Vermögensverzeichnis vom 15. März 1939 zwecks Durchführung des Erlasses zur Verordnung über den Einsatz des jüdischen Vermögens vom 3. Dezember 1938 als Restschuldner der Erbengemeinschaft Bondys für ein Grundstück im Kleiberweg zu finden.[2]

Was noch 1978 mit drei Auslassungspunkten „...."angedeutet und diskret beschwiegen werden sollte, und wem die Hofstelle 6 nach 1939 wirklich gehörte, soll anhand von Dokumenten des Hamburger Staatsarchivs der Öffentlichkeit zugänglich gemacht werden. Vor allem der Schriftwechsel des Hamburger Oberfinanzpräsidenten aus den Beständen der Devisenstelle des Hamburger Landesfinanzamtes betreffs der Immobilien und Vermögenswerte der Erbengemeinschaft Bondy macht die Chronologie der Enteignungen deutlich. Ausgehend von der besonderen Situation Lurups, in dem sich die Nationalsozialisten die Mehrheit erst nach 1933 erkämpfen konnten, zeigt sich die Funktion der Enteignungen der jüdischen Grundbesitzer auch als öffentlichkeitswirksame Kampagne zugunsten systemtreuer Kleingärtner, Landwirte und Bauherren. Nicht zuletzt die Hansestadt Hamburg selbst gelangte auf diesem Wege zu Bauland für Bauvorhaben, die teilweise erst in der Nachkriegszeit realisiert werden konnten. Die Wiedergutmachungszahlung, die erst nach zahlreichen erfolglosen Anträgen 1959 gewährt wurde, stand in keinem Verhältnis zur Entwicklung der Immobilienpreise in der Nachkriegszeit. In erschreckender Deutlichkeit zeigen sich die Auswirkungen dieser Verbrechen, die auf vielfältige Weise bis in die Gegenwart hinein wirken.

---

[1] Udo Krell, a.a.O., S. 245
[2] Staatsarchiv Hamburg 314-15 R 1939_2012

Das Dorf Lurup in den 1930er Jahren

Das Dorf Lurup gehörte bis zum Groß-Hamburg-Gesetz zu Schleswig Holstein, es grenzt an das zu Schleswig Holstein gehörende Schenefeld, mit dem es historisch eng verbunden ist. Die Einwohnerzahl war bis 1925 mit 910 Einwohnern sehr gering[1], die meisten Bewohner des Dorfes waren Landarbeiter oder einfache Bauern. Ab der Jahrhundertwende entstanden klassizistische Bauten an der wichtigsten Verkehrsachse des Dorfes, der Luruper Hauptstraße. Großgrundbesitzer wie die aus dem angrenzenden Bahrenfeld stammende Bauernfamilie Heidorn konnten durch Kiesabbau zu einem bescheidenen Wohlstand gelangen. Mit dem Ausbau des Altonaer Hauptfriedhofs und des Altonaer Volksparks ab 1910 veränderte sich die Bewertung Luruper Immobilien. Das Gestüt Nagel hatte am Rugenbarg Ländereien, ebenso wie der Unternehmer Salomon Bondy aus Othmarschen. Noch waren die Bodenpreise so gering, dass viele Familien aus den innerstädtischen Bereichen Altonas und Hamburgs in Lurup Grundeigentum erwerben konnten, oder zumindest Bauland pachteten, auch ein wichtiger Nebenverdienst für die Luruper Bauern. Seit 1917 hatte der Kaufmann und Großgrundbesitzer Salomon Bondy günstig Ländereien an einfache Leute, vor allem Handwerker und einfache Arbeiter auf Ratenzahlung verkauft oder verpachtet. In den Stadtteilen Bahrenfeld, Lurup und Osdorf nordöstlich Ottensens entstanden nach 1920 viele Siedlungen von Arbeiterfamilien aus Altona und St. Pauli, darunter auch illegale Siedlungen.[2] Viele dieser Siedler waren Anhänger sozialdemokratischer und kommunistischer Parteien. Das Wahlergebnis 1933 ergab für das Dorf Lurup nach den Angaben von Frank Omland für die NSDAP 34,1, die DNVP 4,2, die SPD 40,6 und die KPD 17,2. In Lurup hatte also entgegen dem Trend die SPD die meisten Stimmen bekommen.[3] Im Hamburger Staatsarchiv finden sich Anträge auf eine Gemeindeschwester, in dem die Situation aus Sicht der NSDAP folgendermaßen beschrieben wird:

---

[1] Altonaer Adressbuch 1933
[2] siehe dazu Anke Schulz, Fischkistendorf Lurup, Hamburg 2002
[3] die Daten stammen aus: Frank Omland, ‚Auf Deine Stimme kommt es an!‘, Die Reichstagswahl und Volksabstimmung am 12. November 1933 in Altona, Sonderveröffentlichung des Akens e.V., 2008

„Das Ortsgruppenbereich ist ca. 5 qkm groß und wird von 5252 Volksge-
nossen bewohnt, die sich wiederum auf 1691 Haushaltungen verteilen.
Der größte Teil dieser Tg. hat sich in den Jahren 1928 - 1933 in die damals
noch ländliche kleine Gemeinde Lurup unter den allerärmlichsten Verhält-
nissen auf Heide- und Sandgelände oder in Kiesgruben ohne Erlaubnis der
Baupolizei angesiedelt. Hütten wurden aus Fischkisten gebaut, so dass für
die Siedlung Osdorf-Nord das Wort Kistendorf geprägt wurde. Diese Sied-
lung kam dann auch noch am 1.3.36 zu Lurup, in dem zum großen Teil
die gleichen Verhältnisse herrschten und wurde dadurch die sozial schlecht
gestellteste Ortsgruppe in den Elbgemeinden, wenn nicht überhaupt Alto-
nas. Die Betreutenzahl betrug im W.H.W 36/37 noch 1200 Personen. Fast
alle Zugezogenen waren überzeugte Kommunisten und müssen wir immer
wieder als Prediger durch diese Gebiete ziehen, denn den Kommunisten
wird leichter Glauben geschenkt als uns. Und hier ist unsere jetzige HS.-
Schwester ein nicht zu ersetzender Propagandist. Sie leistet die Arbeit für
die Bewegung, wie sie sich der Stellvertreter des Führers, Pg. Hess, gedacht
hat, in Lurup in vollem Umfange.“[1]

Die Nationalsozialisten versuchten nicht nur durch massive Gewalt,
durch Verhaftungen, Schlägertrupps und Übergriffe auf Siedlergemeinschaften das ‚rote Lurup' unter Kontrolle zu bringen, sie versuchten auch durch besondere Angebote an jene Luruper, die sich ihrer
Herrschaft unterwarfen, für ihre Ideologie zu werben. Die oben zitierte
Gemeindeschwester in der Flurstraße, die die Bevölkerung nicht nur
betreuen sondern auch nach ‚arischer' Herkunft selektieren sollte, war
nur ein Angebot von vielen. Die ‚Öffentlichkeitsarbeit' der Luruper
NSDAP versuchte mit Werbekampagnen für Nationalsozialistische Verbände vor allem den Teil der Jugend, der in das Nationalsozialistische
Konzept passte, aber auch die Luruper, die gemäß dem nationalsozialistischen Menschenbild als besonders wertvoll galten, wie Soldaten und
Landwirte, für ihre Zwecke zu begeistern. Besondere Vergünstigungen
gewährten die Nazis Personenkreisen, die die Seiten wechselten und
beispielsweise als Spitzel gegen die einstigen Genossen agierten.[2] Nicht
wenige Lehrer der Schule Luruper Hauptstraße, allen voran der Rektor

---

[1] Staatsarchiv Hamburg 424-24 Wohlfahrtsamt Altona_15
[2] Über Spitzeltätigkeiten in der Elbkamp-Siedlung siehe Anke Schulz,
Fischkistendorf Lurup, Hamburg 2002, S. 81

Mohr, waren glühende Nationalsozialisten. Alle Schülerinnen und Schüler mussten allmorgendlich zum Fahnenappell antreten, Räumlichkeiten der Schule wurden genutzt von der HJ und dem Nationalsozialstischen Lehrerbund. Heime für die HJ und den BDM im Lüttkamp[1] standen den ‚arischen' Jugendlichen für Freizeitangebote offen. So waren viele Luruper 1935 mit echter Begeisterung bei den Feierlichkeiten der von allen Luruper Vereinen und Verbänden getragenen Eröffnung der Heldengedenksäule für die Gefallenen des 1. Weltkrieges, dabei, die heute noch vor der Auferstehungskirche an der Flurstraße zu ‚bewundern' ist.[2] Deren Initiator Pastor Meyer, der 1941 als Soldat im 2. Weltkrieg fiel, arbeitete als ‚Deutscher Christ' gerne und engagiert mit den Luruper Nationalsozialisten zusammen. Es gab zahlreiche faschistische „Erlebnisangebote" für die Luruper Bevölkerung.[3] Praktische Vorteile wurden ausgewählten Personenkreisen gewährt, Siedlerstellen für nationalsozialistisch ausgerichtete Familien im Grenzbereich zwischen Lurup und Osdorf wurden ausgeschrieben, und durch den Zuzug systemkonformer Familien veränderten sich nach und nach die politische Mehrheitsverhältnisse.[4]

---

[1] Altonaer Adressbuch 1933 - 1937
[2] Altonaer Nachrichten 26. August 1936
[3] Was die Attraktivität des Nationalsozialismus in Deutschland nicht nur für die Eltern- und Großelterngeneration ausmach(t)e zeigen eindrucksvoll die Analysen von Gudrun Brokhaus, Schauder und Idylle. Faschismus als Erlebnisangebot, München 1997
[4] Anke, Schulz, Fischkistendorf, a.a.O., S. 75

Juden in den Dörfern Lurup, Bahrenfeld und Pinneberg

1925 lebten nach den Forschungsergebnissen von Bettina Goldberg in *„Schleswig Holstein 4152 Einwohner jüdischer Religionszugehörigkeit,"*[1] davon 58 Prozent in Altona, also 1925 etwa 2409 Gläubige.[2] Zu den Mitgliedern der Israelischen Gemeinde zu Altona gehörten 1926 auch Juden, die in den Randgemeinden der damals noch zu den Elbvororten gehörenden Dörfer Osdorf und Lurup und in den Dörfern in Bahrenfeld und Pinneberg wohnten. Vor allem in Bahrenfeld lebten viele Menschen jüdischen Glaubens, viele waren zugezogen aus Galizien, Polen und Rumänien, auch aus der Türkei, darunter der in der Luruper Chaussee wohnende Tabakmeister Jacob Goldenberg mit seiner Frau Anna, die in der Bahrenfelder Chaussee wohnende Buchhalterin Käthe Eckstein und der Schneider Isac Ehrlich mit seiner Frau Sarah aus der Steemkamp-siedlung.[3] Diese Menschen waren aktive, gläubige Mitglieder der Israelitischen Gemeinde zu Altona, über jene Menschen, die nicht mehr in der Gemeinde aktiv waren, aber jüdische Vorfahren hatten, finden sich nur wenig Hinweise. Eigenständige jüdische Gemeinden hat es in den 1930er Jahren in Ortschaften wie Pinneberg nach Recherchen von Bettina Goldberg nicht gegeben.[4] Juden aus Lurup und Bahrenfeld gingen in die große Synagoge in der Hochstraße in Altona oder in die Synagoge in Elmshorn. *„Der Einzugsbereich der Elmshorner jüdischen Gemeinde erstreckte sich auf den Kreis Steinburg und den nördlichen Teil des Kreises Pinneberg, während dessen südliche Hälfte Altona zugesprochen wurde."*[5] Die jüdischen Gläubigen lebten in diesen Dörfern und Stadtteilen inmitten einer vor allem christlich geprägten Mehrheitsgesellschaft, hatten schon allein aufgrund ihrer geringen Zahl vielfältige Beziehungen zu nicht-jüdischen Nachbarn, Kollegen, Mitarbeitern und Freunden. In dem Kleingartenverein Kiebitzmoor, der heutigen Franzosenkoppel, der in den 1930er Jahren zu Eidelstedt gehörte, wohnte Frieda Reiman.

---

[1] Bettina Goldberg, Abseits der Metropolen. Die jüdische Minderheit in Schleswig Holstein, Neumünster 2011

[2] Bettina Goldberg, a.a.O., S. 14

[3] Staatsarchiv Hamburg 5221 Bd 1 und Bd II Jüdische Gemeinden 161

[4] Bettina Goldberg, a.a.O, S. 522

[5] Bettina Goldberg, a.a.O., S. 133

Sie war Tochter einer jüdischen Arbeiterfamilie aus Wilnus in Litauen. Frieda Reimann praktizierte die jüdische Religion nicht, war Kommunistin und Atheistin. Die nationalsozialistische Gewaltherrschaft und der staatlich verordnete Antisemitismus zerstörte radikal die Vertrauensgrundlage der vielfältigen Beziehungsformen zwischen Juden und Nicht-Juden. Aus Sicht der Nationalsozialisten lebte Frieda Reimann in einer ‚Mischehe', nach dem Reichsbürgergesetz und dem Gesetz zum Schutze des deutschen Blutes und der deutschen Ehre, den sogenannten Nürnberger Gesetzen von 1935, war das Rassenschande. Als Jüdin durfte sie keiner frei gewählten Arbeit nachgehen, sondern musste in einer Elmshorner Fabrik Zwangsarbeit leisten, den ‚arischen' Mitarbeitern dieses Unternehmens war der Kontakt zu ihr untersagt. Kurz vor Kriegsende sollte auch sie nach Theresienstadt deportiert werden. Die Nationalsozialisten versuchten, nicht-jüdische Ehepartner zur Scheidung zu drängen, was ihnen bei dem Ehemann Frieda Reimanns, dem wegen ‚Vorbereitung zum Hochverrat' von 1935 bis 1937 im KZ Fuhlsbüttel inhaftierten Widerstandskämpfer Walter Reimann, nicht gelang. Die Ehefrau des Pinneberger Cornel Ingus wurde zu einem solchen Schritt genötigt. Ihr geschiedener Ehemann wurde am 5. Mai 1943 deportiert, so Bettina Goldberg: *„Erst nach Theresienstadt, dann nach Ausschwitz ... wurde der Pinneberger Cornel Ingus nach der Aufhebung seiner Ehe verschleppt.“*[1] Seine Frau hatte sich nur durch den Druck der Behörden zu diesem Schritt zwingen lassen und fühlte sich auch nach der Scheidung ihrem Mann tief verbunden.

Frieda Reimann lässt in Briefen an ihren Mann Walter, die sie ihm während der KZ-Haft hat schreiben können, die freundschaftlichen Beziehungen lebendig werden, die sie zu einigen Nachbarn in der Kleingartenkolonie Kiebitzmoor aufgebaut hatte.[2] Aber diese Briefe unterlagen der Zensur und lassen keine verallgemeinerbaren Rückschlüsse auf den Alltag im Nationalsozialismus in den Randgebieten Altonas zu. Es mag Enklaven an Toleranz und Menschlichkeit gegeben haben. Auch die Eidelstedter und Luruper, die sich nicht direkt an antisemitischen Aktionen, an Arisierungen und Menschenrechtsverletzungen beteiligten, waren eingebunden in eine Sozialstruktur, die auf Ausgrenzung und

---

[1] Bettina Goldberg, a.a.O., S. 502
[2] Nachlass Walter und Frieda Reimann, Briefe aus dem KZ Fuhlsbüttel

Vernichtung setzte. Harald Welzer sieht die Zustimmungsbereitschaft der ‚arischen' Deutschen für die verbrecherische Behandlung der Juden in dem Zugehörigkeitsgefühl zum Kollektiv:

„Wenn man den Vorgang der Ausgrenzung, Beraubung und Vernichtung als Handlungszusammenhang betrachtet, ist es logisch unmöglich, von Nicht-Betroffenen zu sprechen: Wenn eine Personengruppe auf solch schnelle, verdichtete, öffentliche und nichtöffentliche Weise aus dem Universum der moralischen Verbindlichkeit ausgeschlossen wird, dann bedeutet das umgekehrt, dass sich der wahrgenommene und gefühlte Stellenwert der Zugehörigkeit zur Volksgemeinschaft erhöht.
So ist es psychologisch kein Wunder, dass die praktische Umsetzung der Theorie von der Herrenmenschenrasse äußerst zustimmungsfähig war. Vor dem Hintergrund dieser in Gesetze und Maßnahmen gegossenen Theorie konnte sich noch jeder sozial deklassierte, ungelernte Arbeiter ideell jedem jüdischen Schriftsteller, Schauspieler oder Geschäftsmann überlegen fühlen, zumal dann, wenn der gesellschaftliche Prozess die faktische soziale und materielle Deklassierung der Juden durchsetzte. Die Aufwertung, die der Volksgenosse auf diese Weise erfuhr, bestand auch im Gefühl einer relativ verringerten sozialen Gefährdung - einem ganz neuen Lebensgefühl in einer exklusiven Volksgemeinschaft, zu der man nach den wissenschaftlichen Gesetzen der Rassenauslese unabänderlich gehörte und zu der die anderen genauso unabänderlich niemals gehören konnten."[1]

Diese Exklusivität bot sich auch den Arbeiter- und Bauernfamilien in Lurup, Niendorf und Eidelstedt, die als ‚arisch' galten. Sie konnten sich dem erfolgreichen jüdischen Kaufmann Salomon Bondy, dem Pädagogen Max Bondy und dem Psychologen Prof. Curt Bondy überlegen fühlen. Für nicht wenige bot der Antisemitismus auch die Chance, günstig an Ländereien und Haushaltsgegenstände zu gelangen.

---

[1] Harald Welzer: Die Deutschen und ihr „Drittes Reich". In: Aus Politik und Zeitgeschichte, 14-15/2007, S.21-28.

Salomon Bondy

Salomon Bondy gehörte zur Hochdeutschen Israeliten Gemeinde Altona[1]. Der am 18.05.1856 geborene Salomon Bondy war als junger Mann aus Goltsch in Böhmen nach Hamburg gekommen. 1888 beantragte er in der Hansestadt 1888 eine Gewerbeerlaubnis.[2] Er war Kaufmann und führte mit seiner Firma ‚S. Bondy Waren - Kommission‘ ein erfolgreiches Kommissionsgeschäft für Importzucker aus Brasilien und Mineralöle in der Kleinen Reichenstraße 17- 19 nahe dem Hamburger Hafen. 1902 wurde Salomon Bondy in den Hamburgischen Staatsverband aufgenommen, am 12.12.1902 erwarb er auf eigenen Antrag das Hamburgische Bürgerrecht. Der liberale Freidenker Salomon Bondy, der sich selbst in Siegfried umbenannte, heiratete die ebenfalls aus Böhmen stammende Mary Lauer. Das Ehepaar hatte fünf Kinder: Max Bondy, geboren 1892, Nelly Bondy, geboren 1893, die 1894 geborenen Zwillinge Curt Werner Bondy und Walter Karl Bondy und Herbert Fritz Bondy, geboren 1902. Der Sohn Walter Karl Bondy fiel 1916 im 1. Weltkrieg in Siebenbürgen. Der Sohn Herbert Fritz Bondy arbeitete als Chemiker in England, er verstarb 1972.[3] Die Kinder Salomon Bondys waren wie ihre Eltern sehr interessiert an kulturellen, vor allem aber an sozialwissenschaftlichen, an pädagogischen und psychologischen Zusammenhängen. Die Familie zog von der Hamburger Innenstadt um nach Othmarschen in die Jungmannstraße, die von den jüdischen Architekten Hans und Oskar Gerson errichteten Villengebäude sind heute unter Denkmalschutz stehende Zeugnisse des Backsteinbaustils der Hamburger Schule.[4]

Salomon Bondy besaß allein in Lurup und Eidelstedt ca. 50[5] ha Immobilien. Als Salomon Bondy am 04.09.1932 verstarb, gehörten seine Kinder und deren Ehepartner zur Erbengemeinschaft Bondy.

---

[1] Staatsarchiv Hamburg 5221 Bd 1 Jüdische Gemeinden 161

[2] Annemarie Roeper, Karen Mireau, Marienau: A Daughter's Reflections, Berkeley Dezember 2012, S. 45f

[3] Erinnerung an die Bondys. Gedanken von Ernst Cramer zum 29. Marienauer Liebesmahl am 25. Februar 2005 im Ruderclub Favorite Hammonia, Hamburg

[4] Dirk Meyhöfer, Hamburg - der Architekturführer, Berlin 2007

[5] Staatsarchiv Hamburg 350-1 11 14401

Max Bondy und seine Ehefrau Gertrud Bondy

Der älteste Sohn Salomon Bondys, Max Bondy, geboren am 11. Mai 1892, studierte Philsosophie und Geschichte in Freiburg, Göttingen und München und promovierte 1919 in Erlangen. 1916 heiratete er die Ärztin und Psychoanalytikerin Gertrud Wiener, die 1909 mit ihren Eltern von Prag nach Wien umgezogen war. April 1920 gründete das Ehepaar Bondy in Bad Brückenau die erste Reformschule. *„Da die Schule schnell wuchs, wurde sie im April 1924 nach Gandersheim im Harz und später aus gleichen Gründen nach Gut Marienau bei Dahlenburg, unweit Lüneburg, Hannover, verlegt. Die Schule war sehr erfolgreich, sie hatte über 100 Schüler."*[1] Das Konzept der Schule stand im Kontext der Reformbewegungen der 1920ger Jahre, so Jens Bergmann: *„Die Bezeichnung „Schulgemeinde" war pädagogisches Programm: Lehrer und Schüler sollten als Freunde zusammenleben. Der von der Jugendbewegung inspirierte Bondy wollte sozial engagierte Menschen „formen", die bereit sind, Verantwortung zu übernehmen. Großen Einfluss hatte auch Gertrud Bondy. Die Wiener Psychoanalytikerin, die Sigmund Freud persönlich kannte, kümmerte sich besonders um „schwierige" Schüler."*[2]

Mit den Nürnberger Gesetzen, dem Reichsbürgergesetz vom 15. September 1935, kam es zu ersten Repressalien gegen die Gründer der Schule. 1937 verbot die Gestapo ihnen, die Schule weiterhin zu betreiben. Jens Bergmann schreibt über diese Jahre:

„Schweren Herzens beschloss er (Max Bondy, A.S.), Deutschland zu verlassen. Für seine Schule wurde er mit 108.000 Mark „entschädigt". Eine Summe, von der er keinen Pfennig sah: 58.000 Mark waren zur Tilgung von Hypotheken bestimmt, 50.000 Mark landeten auf einem „Sperrkonto" der Dresdner Bank. Zu seinem Nachfolger bestimmte Bondy Bernhard Knoop, einen deutlich konservativeren Pädagogen, von dem er glaubte, dass er das Internat unter den Nazis weiterführen konnte. Die Bondys gingen in die Schweiz, dann in die USA."[3]

---

[1] Gertrud Bondy, 351-11 11276 Antrag auf Wiedergutmachung, Lenox 1958, Barbara Kersken, Max und Gertrud Bondy, Lüneburg 1991

[2] Jens Bergmann, Beraubt, vertrieben, vergessen. Das Lebenswerk des Max Bondy. Hamburger Morgenpost 29.09.1999

[3] Jens Bergmann, a.a.O.

Gertrud Bondy beschrieb diese Zeit in ihrem Antrag auf Wiedergutma-chung im Jahr 1958: *„Im Jahre 1936 waren wir gezwungen, auszuwan-dern. Unser Weg führte uns zunächst nach Gland in der Schweiz, wo unter großen Entbehrungen und Verlusten der Versuch eines Neuaufbaus einer Schule gemacht wurde. Im April 1939 übersiedelten wir aber bereits nach USA. Wir lebten zunächst auch hier unter großen finanziellen Schwierig-keiten und konnten nur langsam eine neue Schule aufbauen.*[1]*"* Max und Gertrud Bondy flohen gemeinsam mit ihren Kindern Ursula, Anne-marie und Heinz. In den USA gründete das Paar wieder unter großen Entbehrungen eine Schule, die Windsor Mountain School, die 1951 gerade 60 Schüler hatte. Max Bondy versuchte nach 1945 vergeblich, die Reformschule Marienau wieder zu übernehmen, ihm war als Amerika-ner der Erwerb von Ländereien in Deutschland nicht gestattet:

„1945, nach dem Ende der Schoa versuchte Bondy, als Verfolgter des Nationalsozialismus sein ehemaliges Eigentum, die Schule in Marienau wieder zu erhalten, um sich der „Reeducation" der Deutschen zu widmen und seine Schule zukünftig einem internationalen pädagogischen Verbund anzuschließen. Das wurde ihm aber verwehrt, weil er inzwischen die amerikanische Staatsbürgerschaft angenommen hatte und zu dieser Zeit kein Eigentum in Deutschland erwerben durfte. Sehr verbittert über diese Entscheidung erlebte er das Ende der Wiedergutmachungsverhandlungen nicht mehr. 1951 starb Max Bondy in Boston an Blutkrebs."[2]

Annemarie Roeper, die Tochter Max und Gertrud Bondys, beschrieb in einem kleinen Film, der auf youtube zu sehen ist, die Diskriminierung in Lüneburg, die sie als Kind Anfang der 30er Jahre erleben musste: *„Ich ging in einen Buchladen, um drei Bücher zu kaufen, als ich den Laden ver-ließ, war ich umringt von Leuten. Auf der Mitte des Marktplatzes konnte ich ihnen nicht ausweichen. Ein Radiogerät ertönte, alle lauschten Hitler andächtig, bereit zum deutschen Gruß. Es roch nach Schweiß. Ich wollte nicht ‚Heil Hitler!' rufen. Ich wollte an all diesem nicht teilhaben. Die Er-innerung an diese Situation hat mich nie losgelassen. Ich war umringt von Feinden, hilflos, sie hätten mich töten können. Ich hatte sehr große Angst, mich als Jüdin zu erkennen zu geben. Mein Vater erhielt ein Schreiben,*

---

[1] Staatsarchiv Hamburg 351-11 11276

[2] Wikipedia, Max Bondy, http://de.wikipedia.org/wiki/Max_Bondy, Dezember 2012

dass er die Schule Marienau nicht mehr leiten dürfe, weil ein Jude nicht dazu geeignet sei, arische Kinder zu unterrichten.“[1]

Heinz Bondy, der Sohn Max und Gertrud Bondys, war 12 Jahre alt, als er mit seinen Eltern fliehen musste. Als Teenager wurde er Absolvent des Military Intelligence Training Center und gehörte zu den Ritchie Boys, einer Sondereinheit für Propaganda und psychologische Kriegsführung der US Army, in der jüdische Emigranten aus Deutschland gegen Hitler-Deutschland kämpften.

Annemarie Roeper und ihr Bruder Heinz Bondy führten die Tradition ihrer Eltern in Massachusetts und Michigan fort. Heinz Bondy übernahm die Leitung der von seinen Eltern gegründeten Windsor Mountain School, zunächst in Windsor und Manchester in Vermont, dann bis zu ihrer Schließung in den 1970er Jahren in Lenox, Massachusetts. George und Annemarie Roeper gründeten die ‚Roeper-School‘ in Bloomfield Hills, Michigan. Annemarie Roeper war eine der Pionierinnen der Forschung zur Hochbegabung von Kindern und Erwachsenen in den USA. Sie setzte mit Lebenskraft und Kreativität der Erfahrung der Verfolgung ein engagiertes Leben entgegen: *„Als wir in die USA emigrierten, fühlten wir, dass wir ein Recht auf einen Neubeginn hatten, das wir das aber alleine in die Hand nehmen mussten. Wir hatten das nationalsozialistische Regime überlebt. Das ermutigte uns, weiter zu machen. Wir waren erfüllt von Lebenswillen.“*[2]

Annemarie Roeper verstarb am 11. Mai 2012. Ihre nach ihrem Tod veröffentlichte ‚A Daughter‘s Reflections‘ endet mit den Worten:

„Wenn ich bedenke, was alles hätte geschehen können, empfinde ich die Tatsache, dass wir nicht nur überlebten, sondern in Amerika erfolgreich wurden, als tiefe Freude, die Trost spendet.“[3]

---

[1] Annemarie Roeper, Across Time and Space 1, youtube 15.08.2008
[2] Annemarie Roeper, Across Tima and Space, a.a.O. Übers. A.S.
[3] Annemarie Roeper, Karen Mireau, Marienau: A Daughter‘s Reflections, Berkeley Dezember 2012, Übers. des Zitats A.S.

Der Oberfinanzpräsident Hamburg
    - Devisenstelle -

Hamburg 11, dem *20.5.* 1939
Gr.Burstah 31,Hindenburghaus
Fernspr.: 36 1o o3

N 22 - /39

      Herrn

        Dr. Max Loudi

          H a m b u r g

          Grzgstr. 12

      Ich ersuche Sie, *an einem der nächsten*
den _____ 1939, um *ca. 10-12* Uhr auf meiner Dienststelle, Gr. Burstah 31, Zimmer *3.*

(Anmeldung: Zimmer Nr. 22) vorzusprechen.

      Diese Ladung ist mitzubringen,

                             Im Auftrag
                             gez. Klesper
                             Reg.Rat.

Beglaubigt:

Vordruck 21   26.4.1939

Curt Bondy

Der 1894 in Hamburg geborene Curt Bondy, so schreibt der Hamburger Psychologe Klaus Eyferth im Vorwort zu Curt Bondys ,Psychologie des Jugendstrafvollzugs', *„wuchs in einem großbürgerlich - liberalen Elternhaus auf. Im Gymnasium und in einem Landschulheim fand er Kontakt zur Jugendbewegung. In ihr begann seine Distanzierung von den Selbstverständlichkeiten einer wohlgeordneten Umwelt. 1914 nahm er in Kiel das Studium der Medizin auf. Nach zwei Semestern wurde er eingezogen, und er nahm am Ersten Weltkrieg als Sanitäter teil. Anschließend schrieb er sich an der neuen Universität Hamburg für das Fach Psychologie ein.“*[1] Ähnlich wie bei seinem Bruder Max lagen seine Interessen auf dem Gebiet der Humanwissenschaften. Seine Habilitation schloss er 1925 in Hamburg ab, er war Honorarprofessor der Universität Göttingen. Zugleich war er Leiter eines Jugendgefängnisses in Eisenach und unternahm in der Jugenstrafanstalt Hahnöfersand erste Versuche einer Reform des Jugendstrafvollzugs.

Mit der Machtübernahme der Nationalsozialisten begannen existenzbedrohende Demütigungen. Curt Bondy verlor seine Professur aufgrund des „Gesetzes zur Wiederherstellung des Berufsbeamtentums“ vom 7. April 1933, wie Frank Bajohr ausführt: *„Die meisten Entlassungen wurden in Hamburg unter den Lehrern aller Schularten sowie den Professoren und Dozenten der Universität vorgenommen. ... Unter den Professoren befanden sich hochangesehene jüdische Wissenschaftler ... wie der Psychologe Wiliam Stern.“*[2] Curt Bondy war Schüler von Wilhelm Stern gewesen. 1936 verlor Curt Bondy neben seiner Professur auch seine Leitungsposition in der Jugendstrafanstalt. Dennoch ließ er sich nicht entmutigen und *„baute zusammen mit Martin Buber in Frankfurt am Main die jüdische ,Mittelstelle für Erwachsenenbildung' auf. 1936 übertrug ihn die Reichsvertretung der Juden in Deutschland die pädagogische*

---

[1] Klaus Eyferth, Gemeinschaft und Bewusstmachung: Curt Bondys Psychologie des Jugendstraffvollzugs, Vorwort, in: ,Curt Bondy, Pädagogische Probleme im Jugend-Strafvollzug, Schriften Studien zur Erlebnispädagogik, Lüneburg 1997

[2] Frank Bajohr, Arisierung in Hamburg: Die Verdrängung der jüdischen Unternehmer 1933 - 1945, Hamburg 2003, S. 85

Leitung des nicht-zionistischen Auswanderer Lehrgutes in Groß-Breesen in Schlesien"[1] In dem schlesischen Dorf Groß-Breesen bei Treblitz erhielten jüdische Jugendliche die Möglichkeit einer Berufsausbildung. Die nationalsozialistischen Behörden verweigerten zunehmend jüdischen Kindern und Jugendlichen Berufsausbildungen und den Besuch weiterführender Schulen. Das erschwerte auch die rettende Flucht ins Ausland. Die Einwanderungsbestimmungen vieler Länder, darunter auch die USA, waren sehr restriktiv, erforderlich war entweder der Nachweis eines Arbeitsplatzes im Zielland oder eine landwirtschaftliche Ausbildung. Jüdische Verbände und die Reichsvertretung deutscher Juden gründeten daraufhin in Groß-Breesen, unterstützt von dem amerikanischen Unternehmer Wilhelm B. Thalhimer, ein Schulungszentrum für jüdische Jugendliche. Groß-Breesen gehörte damit zu den vielen Formen des jüdischen Widerstands gegen die Nationalsozialisten.

In seinem Standardwerk ‚Einführung in die Psychologie' lässt Curt Bondy unter der Überschrift ‚Bewusstmachung' mit wenigen Worten erahnen, wie er die Jahre in Groß-Breesen durchlebte: *„Zu Beginn der Herrschaft des Nationalsozialismus übernahm ich die Leitung eines Lehrgutes in Schlesien, auf dem etwa hundert jüdische Jungen und Mädchen im Alter von fünfzehn bis fünfundzwanzig Jahren als Landwirte für die Auswanderung vorbereitet wurden. ... Die Aufgabe bestand darin, diesen jungen Menschen, von denen sich vorher viele kaum als Juden gefühlt hatten, deutlich zu machen, dass sie nunmehr zu einer stark diskriminierten Minderheit gehörten. Sie mussten ständig darauf gefasst sein, von der Mehrheit abgelehnt zu werden. Dieses Bewusstsein sollte sie befähigen, ihre Situation nicht nur klar zu erkennen, sondern auch ohne Verdrängung und Ressentiment zu ertragen. Als Ende 1938, nach der sogenannten Reichskristallnacht, alle über achtzehn Jahre alten Männer des Lehrgutes in ein Konzentrationslager gebracht wurden, haben diese jungen Menschen jene - wenn auch nur einige Wochen dauernde - Zeit erstaunlich gut überstanden. Sicher hing dies auch mit der vorhergegangenen gedanklichen und gefühlsmäßigen Bewältigung ihrer persönlichen Situation zusammen."* [2]

Der Steuerfahndungsdienst ermittelte 1938 wegen *„Überwachung von*

---

[1] Klaus Eyferth a.a.O., S. IX und X
[2] Curt Bondy, Einführung in die Psychologie, Frankfurt/M 1967, S. 107f

Judenvermögen" gegen Curt Bondy, *„es besteht Kapitalfluchtverdacht".*[1]
Im selben Jahr überfiel die SS das Schulungszentrum. Curt Bondy
wurde gemeinsam mit den jungen Männern seines Lehrgutes in das KZ
Buchenwald deportiert. Nach der Darstellung von Klaus Eyferth führte
internationaler Protest zur Befreiung: *„Die Gruppe kam jedoch durch
eine Intervention aus Holland gegen Ende des Jahres wieder frei. Bondy
ging zunächst nach Groß-Breesen zurück, um dort die Auswanderung der
jungen Menschen zu beschleunigen und widmete sich dann in Kooperati-
on mit dem ‚Refugee Komité' in Amsterdam der Auswanderer - Hilfe. Ab
April 1940 arbeitete er in Süd-England für das ‚Kitchener Camp', einem
Flüchtlingslager. Beim Einrücken der Deutschen war er erneut in Amsterdam. In einer dramatischen Flucht entkam er in die USA. In Virginia
wurde ihm und einigen Groß-Breesenern von einem Sponsor eine Farm
zur Verfügung gestellt, wo sie einen gemeinsamen Neubeginn versuchten."*[2]
Viele Groß-Breesener ermöglichten Visa für die USA ein neues Leben,
Ergebnis mühseliger Verhandlungen mit dem State Department, an
denen auch Curt Bondy beteiligt war[3].
Er kehrte nach Deutschland zurück, 1949 nahm er das Angebot einer
Professur für die Psychologische Fakultät der Universität Hamburg an,
leitete das Institut für Psychologie bis zu seiner Emeritierung 1959. Curt
Bondy hatte unter anderem das Konzept von Erziehungsberatungsstel-
len in den 1950er Jahren in Deutschland mitentwickelt, darunter Schu-
lungsangebote für Schwarze Kinder, die sie stärken sollten gegen Diskriminierung und Rassismus.
Er verstarb am 17.1.1972.
Von den Nationalsozialisten war das Schulungszentrum in Groß Breesen 1942 geschlossen worden, die dort zu dem Zeitpunkt noch lebenden Schüler wurden nach Auschwitz deportiert und ermordet. Die
Nationalsozialisten errichteten dort ein Zwangsarbeiterlager. Von den
Schülern der Jahre 1937/38 konnten viele in die USA oder nach Israel
auswandern.[4]

---

[1] Staatsarchiv Hamburg 314-15 R 1938_2514
[2] Eyferth, a.a.O., X
[3] Annemarie Roeper 2012, a.a.O., S. 62
[4] Webseite ehemaliger Groß-Breesener: Gross Breesen Silesia, imigrant
training farm 1936 - 1941 http://grossbreesensilesia.com/

Nelly Bondy und Manfred Zadik

Nelly Bondy, geb. am 22. März 1893, war die einzige Tocher des Ehepaars Mary und Salomon Bondy, sie heiratete den Rechtsanwalt Manfred Zadik. Das Ehepaar hatte drei Söhne, Walter, Frank und Michael. Sie wohnten neben der Familie Bondy in der zweiten im Auftrag von Salomon Bondy von den Architekten Hans und Oskar Gerson errichteten Villa in der Jungmannstraße in Othmarschen.

Manfred Zadik wurde am 19.11.1887 in Ostrów Wielkopolski, damals Posen, heute Polen, geboren. Seine Schulzeit verbrachte er in Berlin, er schloss sein Jurastudium 1906 ab und war ab 1913 Rechtsanwalt. Gemeinsam mit Herbert Siegfried Samson[1] und Dr. Hans Levien unterhielt er eine Rechtsanwaltskanzlei in der Bergstraße 16. Im 1. Weltkrieg war er als Soldat u.a. an der ungarisch-rumänischen Grenze. Er promovierte kurz nach seiner Ausmusterung 1918.

Bereits kurz nach der Machtübertragung an die Nationalsozialisten begannen die Demütigungen. *„Am 11. März 1933 legten die der NSDAP, DNVP, DVP und dem Stahlhelm angehörenden Anwälte in der hanseatischen Handelskammer ein ‚Treuegelöbnis zu der Regierung der nationalen Wiedergeburt' ab und schlossen sich zum ‚Arbeitsausschuss nationaler Anwälte der Hansestädte' zusammen. Die wesentliche Aufgabe des Arbeitsausschusses bestand darin, die erforderlichen ‚Vorarbeiten für die Beschränkung der jüdischen Anwälte' durchzuführen. "*[2]

Manfred Zadik erteilten die Nationalsozialistischen Behörden, wie allen jüdischen Rechtsanwälten, zum 30. November 1938 Berufsverbot. Er war ab dem 1.12.1938 einer von sieben „jüdischen Konsulenten", die zur rechtlichen Beratung und Vertretung von Juden zugelassen waren. Dr. Zadik sah sich gezwungen, seine Praxis aus der Innenstadt in sein Haus in Othmarschen in der Jungmannstraße zu verlegen. Nach der ‚Reichskristallnacht' verdichteten sich die Hinweise darauf, dass die Nationalsozialisten die Vernichtung der Juden planten. Ursula und Erwin Zadik, nahe Verwandte Manfred und Nelly Zadiks, flohen 1938 nach Shang-

---

[1] Björn Eggert, biographische Daten über Herbert Siegfried Samson in: Landeszentrale für politische Bildung, Hg., Stolpersteine in Hamburg, Hamburg 2009

[2] Frank Bajohr, Arisierung in Hamburg: Die Verdrängung der jüdischen Unternehmer 1933 - 1945, Hamburg 2003, 33f

hai.[1] Die mit ihnen verwandte Lydia Zadik wurde von den Nationalsozialisten als ‚geistig behindert' eingestuft und unter Vormundschaft
gestellt. Lydia Zadik geb. am 20. Mai 1895 in Hamburg, wurde am 25.
Oktober nach Litzmannstadt (Lodz) deportiert und am 6. Juli 1942 dort
ermordet. Manfred Zadik hatte gemeinsam mit dem Mediziner Caesar
Philip über Jahre vergeblich für ihre Auswanderung gekämpft.[2]
Manfred und Nelly Zadik emigrierten am 25.02.1941 über Frankreich,
Spanien und Portugal nach Guatemala und von dort aus in die USA.
1945 war Manfred Zadik Public Accountant und 1950 Mitglied des Ber-
keleyer Juristenkreises, eines Zusammenschlusses deutscher Juristen im
US-amerikanischen Exil. Er wurde am 10.09.1948 in Hamburg wieder
als Rechtsanwalt zugelassen.[3] Er lebte bis zu seinem Tod am 16.01.1965
als Rechtsanwalt für Wiedergutmachungsverfahren für jüdische Emig-
ranten in Berkeley, darunter natürlich auch die Familie Bondy.
Nelly Zadik verstarb August 1978.
Der Sohn Walter diente im 2. Weltkrieg im Ten Commando, einer
Sondereinheit der Alliierten, gebildet aus jüdischen Flüchtlingen aus
Deutschland und Österreich. Wie viele Mitglieder dieser Sondereinheit
änderte er seinen Nachnamen, so wurde aus Zadik, ein Name, nach dem
in Deutschland erkennungsdienstlich gefahndet wurde, Thompson, eine
Schutzmaßnahme für den Fall der Kriegsgefangenschaft.[4]
Anlässlich eines Familientreffens am 11. September 2004 in Stratfort
upon Avon beschreibt der Enkel Andrew Thompson, wie Manfred
Zadik, vermutlich in Hamburg, nach 1945 im Schaufenster eines Pfand-
leihhauses einen ihm bekannt vorkommenden silbernen Kerzenhalter
entdeckte. Er betrat das Geschäft und fand seine Initialen auf der Unter-
seite des Kerzenhalters. Als Symbol der Familiengeschichte brachte er
ihn mit nach Kalifornien.[5] Nahezu alle Wertgegenstände der Familien
Bondy und Zadik waren unter der NS - Herrschaft geraubt worden.

---

[1] youtube, the Zadik family reunion, hochgeladen am 23.4.2011
[2] Staatsarchiv Hamburg314-15 R 1939_2811
[3] Heiko Morisse, Jüdische Rechtsanwälte in Hamburg. Ausgrenzung und
Verfolgung im NS-Staat, Hamburg 2003, S. 168
[4] Martin Sugarman, http://www.jewishvirtuallibrary.org/jsource/ww2/
sugar13.html, 2007
[5] youtube, the Zadik family reunion, a.a.O.

4 26 - 196/39   *1*

Zollfahndungsstelle   Hamburg, 14. April 39.
     Hamburg

D VIII 1791/38.
          Herrn

Anl.: 1 Heft.   OFPräs. Hmb. (Devisenstelle),
           z.Hd. des H. ZI. Bösche
Bearb.: Werner, ZI(F).   H a m b u r g .

Betr.: Kapitalfluchtverdacht Dr. Manfred Israel Zadik, Hamburg-
                 Othmarschen, Jungmannstr. 1.

Vorg.: o. V.

       Hiermit übersende ich meine Ermittlungsvorgänge

gegen   Dr. Manfred Israel Z a d i k und Ehefrau Nelly Sara

       geb. Bondy..

wegen Verdachts der Kapitalflucht. Der Verdacht gründet sich

auf die Tatsache, dass ...Zadiks Juden sind und auszuwandern...

                 beabsichtigen........................

       Um zu verhindern, dass unter Verletzung oder Umgehung
bestehender Vorschriften Vermögenswerte der Devisenbewirt-
schaftung entzogen werden, habe ich die in Abschrift beigefügte vorläufige Sicherungsanordnung erlassen. Ich be-
ziehe mich im übrigen auf den anliegenden Ermittlungsbericht
und bitte, die vorläufige Sicherungsanordnung zu bestätigen.

       Abschriften der Ermittlungsvorgänge haben erhalten:

Geheime Staatspolizei Hmb.   ~~Oberfinanzbericht haben Hmb.~~
Steuerfahndungsdienst Hmb.   ~~Reichsbankhauptkammer Hmb.~~
Reichsbankhauptstelle Hmb.   ....

       Die Sicherungsanordnung bzw. Abschriften und
Auszüge derselben sind zugestellt an:

  die Betroffenen, die Hamburgische Landesbank, die Basler-Lebens-

versicherungs-Ges. und Prof. Dr. K.W. Bondy, Gross-Breesen bei

Obernigk in Schlesien, als den zweiten Testamentsvollstrecker.

....

       Den Sachausgang bitte ich mir mitzuteilen.

                Im Auftrag:

Staatsarchiv Hamburg 314-15 R 1938 2514

Einige Familienmitglieder der Familien Bondy und Roeper und nahe Verwandte auf einer Weihnachtsfeier der Windsor Mountain School 1961 in Lenox, USA. Annemarie Roeper beschreibt in ihren Memoiren ‚A Daughter's Reflections,' dass Max und Gertrud Bondy 1924 zum lutherischen Glauben konvertierten, wie die meisten der Bondy-Familie, mit Ausnahme von Curt Bondy, der sich dem jüdischen Glauben tief verbunden fühlte. Sie feierten Weihnachten ebenso wie Chanukka[1]. Sie alle mussten unter teils dramatischen Umständen aus Europa vor den Nationalsozialisten fliehen.

obere Reihe, stehend, von links:
Prof. Curt Bondy, (Sohn von Salomon Bondy) Dr. Don Gerard (Ehemann von Ulla Bondy), die Journalistin und Schriftstellerin Edith Roper (Ehefrau von Hans Roper), Peter Roeper (Sohn Annemarie und George Roepers), Jan Wiener (Verwandter aus der Familie Gertrud Bondys) untere Reihe, sitzend, von links:
Heinz Bondy (Sohn von Gertrud und Max Bondy),
Ulla Bondy (Tochter von Gertrud und Max Bondy),
Dr. Pauline Feldman (Ärztin der Familie)

---

[1] Annemarie Roeper 2012, a.a.O., S. 88

obere Reihe, stehend, von links[1]:
Hans Roper (Bruder Georg Roepers), Jeanette Roper (Tochter Hans und Edith Ropers), Dr. Annemarie Roeper (Tochter von Gertrud und Max Bondy), Prof. Tom Roeper (Sohn Annemarie und George Roepers), Charlie Gerard (Sohn von Ulla Bondy und Don Gerad)
untere Reihe, sitzend, von links:
Dr. Gertrud Bondy (Ehefrau von Max Bondy), Nelly Zadik (Tochter von Salomon Bondy), Karen Roeper (Tochter Annemarie und George Roepers), Philip Gerard (Sohn von Ulla Bondy)

Nahe Verwandte, Angehörige, Freunde waren durch den Holocaust ums Leben gekommen. So wurde Rudolf Feldmann in Theresienstadt ermordet. Jula Wiener hatte angesichts der drohenden Verhaftung gemeinsam mit seiner nicht-jüdischen Frau Selbstmord verübt.[2] Schulkameraden waren unter den Opfern, Verwandte, die nicht mehr hatten fliehen können wie Lydia Zadik.
Den Holocaust vorbereitet hatten staatlich verordnete Enteignungen und ‚Arisierungen.' Das begann gleich nach der Machtübertragung 1933, auch in Lurup und Eidelstedt.

---

[1] © Foto: Familie Roeper
[2] Annemarie Roeper 2012, a.a.O.

Kerngebiet nationalsozialistischer Macht in Lurup

Salomon Bondy besaß vor allem in Lurup, aber auch in Niendorf und Eidelstedt ca. 50 ha Grundbesitz, so an der Luruper Hauptstraße, in der Eckhoffstraße, aber auch im Lüttkamp, im Kiebitzmoor, wo sich seit 1932 ein Kleingartenverein gegründet hatte, im Friedrichshulderweg und im Kleiberweg. Die Eckhoffstraße wurde nach dem Groß-Hamburg-Gesetz 1937 umbenannt in Jevenstedter Straße, die Straße Kiebitzmoor erhielt nach dem 2. Weltkrieg den Namen Franzosenkoppel. Die Immobilien Salomon Bondys am Lüttkamp, am oberen Bereich der Eckhoffstraße und in der Luruper Hauptstraße befanden sich im Kerngebiet öffentlicher Gebäude, die den nationalsozialistischen Machtbereich symbolisierten. Dazu gehörten die Polizeidienststelle an der Luruper Hauptstraße 120, die Schule Luruper Hauptstraße, das Büro der NSDAP, das SA-Heim, das HJ Heim und das Heim des BDM im Lüttkamp, sowie das Gebiet um die Heldengedenksäule am Gemeindezentrum der Auferstehungsgemeinde, die damals noch nicht über eine eigene Kirche verfügte. Das Büro der NSDAP leitete an der Luruper Hauptstraße 143 (diese Hausnummer existiert heute nicht mehr) der Ortsgruppenleiter hieß Keßler.[1] Gleich gegenüber, an der der Luruper Hauptstraße 146, lag das Büro der Deutschen Arbeitsfront. Gegenüber der Schule, an der Luruper Hauptstraße 120, lag die Polizeidienststelle. An der Luruper Hauptstraße 90 - 94 befand sich die Gaststätte Röpke, in der SS und SA ihr Stammlokal hatten; zahlreiche Gewaltaktionen gegen politisch missliebige Luruper waren von den Gästen dieser Gaststätte verübt worden. Auch Neonazis wahrten die Tradition dieses Ortes, 1978 versammelte sich die ‚Hansa-Bande' Michael Kühnens in diesem Lokal.[2] Gegenüber der Gaststätte Röpke, die auch den Namen Zum Lindenpark trug, befand sich die Gaststätte Luruper Hof. Die Nationalsozialisten führten 1932 Wahlkampfveranstaltungen im Luruper Hof durch.[3]

---

[1] Altonaer Adressbuch 1937
[2] Emmaus Kirchengemeinde Hamburg Lurup, Hg., Aus der Geschichte Lurups während der Nazi - Zeit, Hamburg 1979
[3] In derselben Gaststätte fanden 1978 Veranstaltungen von Neonazis statt, vergl. Aus der Geschichte Lurups während der NS Zeit, 1979

In unmittelbarer Nähe der Polizeistation wurde 1940 in der Eckhoffstraße und dem Lüttkamp ein Röhrenbunker errichtet. Bunker errichteten
die nationalsozialistischen Behörden an logistisch zentralen Orten,
das Gebiet um Schule und Auferstehungsgemeinde herum kann als der
Bereich des Ortes Lurup angesehen werden, der aus Sicht der Nationalsozialisten das Zentrum bildete.

In dörflichen Strukturen gelang der NSDAP oft die Übernahme staatli-
cher Verantwortungsbereiche.[1] Die HJ und der BDM konnten staatliche
Aufgaben der Jugendarbeit übernehmen.[2] In den 1930er Jahren befand
sich Lurup in einem Prozess der Urbanisierung, aber der dörfliche
Charakter prägte noch sehr die nachbarschaftlichen Beziehungen. Die
Führungspersonen des Ortes wie Dorfpolizisten und Lehrer verkörper-
ten zugleich nationalsozialistische Brutalität.

Im Gebäude der Polizeidienststelle hatte der Lehrer Heinius gemeinsam
mit seiner Familie eine Dienstwohnung. ein Privileg, das auch dem Po-
lizeileutnant Karl Lange zuteil wurde, der als begeisterter Nationalsozia-
list ebenfalls an Übergriffen auf politisch missliebigen Lurupern beteiligt
war. 1945 wurden Karl Lange und der Rektor Mohr der Schule Luruper Hauptstraße als politisch bedenklich eingestuft, Karl Lange wurde
suspendiert, Rektor Mohr blieb allerdings Lehrer an der Schule, wenn er
auch das Rektorat an Jan Külper abgeben musste. Der Lehrer Heinius
beging nach der Niederlage der Nationalsozialisten Selbstmord.

Sofort nach der ‚Machtergreifung' 1933 kam es in Lurup zu Übergriffen auf Siedlergemeinschaften, in denen mehrheitlich ‚links' gewählt
worden war: *„Um vor den angriffender Nazis sicher zu sein, hatten sich
die Siedler eine Art Selbstschutz aufgebaut: An markanten Punkten der
Kolonien wurden Eisenschienen aufgehängt, die bei Gefahr angeschla-
gen wurden. Da vor 1933 öfter gewählt wurde, wussten die Nazis genau
Bescheid, wo die linksorientierten Bürger wohnten (Wahllokale). Bis zum
30. Januar 1933 konnten sich die Bewohner der Kolonien einigermaßen
vor Überfällen durch die Nazis schützen, aber schon einige Tage nach
der Machtübernahme überfiel die SA die Siedler. Mit Unterstützung der*

---

[1] Frank Bajohr, Arisierung in Hamburg: Die Verdrängung der jüdischen
Unternehmer 1933 - 1945, Hamburg 2003, S. 72

[2] Frank Bajohr a.a.O., S. 73

Hilfspolizei (SA Männer mit einer Armbinde ,Hilfspolizei') wurden die Kolonien abgesperrt. Bei Nacht wurden die Bewohner ins Freie getrieben, es wurden Sachen herausgeworfen, Wände aufgerissen und einige Heime einfach angezündet."[1]

In einer solchen Atmosphäre sind Übergriffe auf die Familie Bondy und ihre Angestellten sowie ihre Immobilien mehr als wahrscheinlich, wenn sich auch keine Belege dafür in den noch vorhandenen Akten finden lassen.

Der Immobilienhandel war für die Landwirte Lurups, die aufgrund der kargen Böden keine guten Erträge erzielen konnten, ein wichtiger Zuverdienst. Aus mehreren Bauernfamilien sind heute noch tätige Immobilienmakler hervorgegangen. Da kann das Angebot der Nationalsozialisten, auf Kosten der jüdischen Grundbesitzer Vorteile zu erlangen, für Landwirte wie den damaligen sogenannten ,Ortsbauernführer' verführerisch gewesen sein. Antisemitische Übergriffe, so Frank Bajohr, gründeten in dem Bestreben vieler Mittelständler, ökonomische Vorteilsnahme zu erlangen. 1933 kam es in Hamburg zu zahlreichen Aktionen unterschiedlicher Berufsgruppen mit dem Ziel, jüdische Konkurrenten auszuschließen. Dazu gehörten auch die Immobilienmakler:

„Ein weiterer Berufsverband, der mit rigiden Ausschlussmethoden gegen jüdische Mitglieder vorging, war der Reichsverband Deutscher Makler (RDM). 1933 schloss die Hamburger Ortsgruppe des RDM unter der Leitung ihres Vorsitzenden Hartmann alle jüdischen Mitglieder aus diesem Reichsverband aus."[2]

Dieser Zeitgeist beeinflusste auch die Personenkreise, die in Lurup mit dem Verkauf und der Verpachtung von Immobilien befasst waren.

---

[1] Frank Bajohr, a.a.O.
[2] Frank Bajohr, a.a.O., 33f

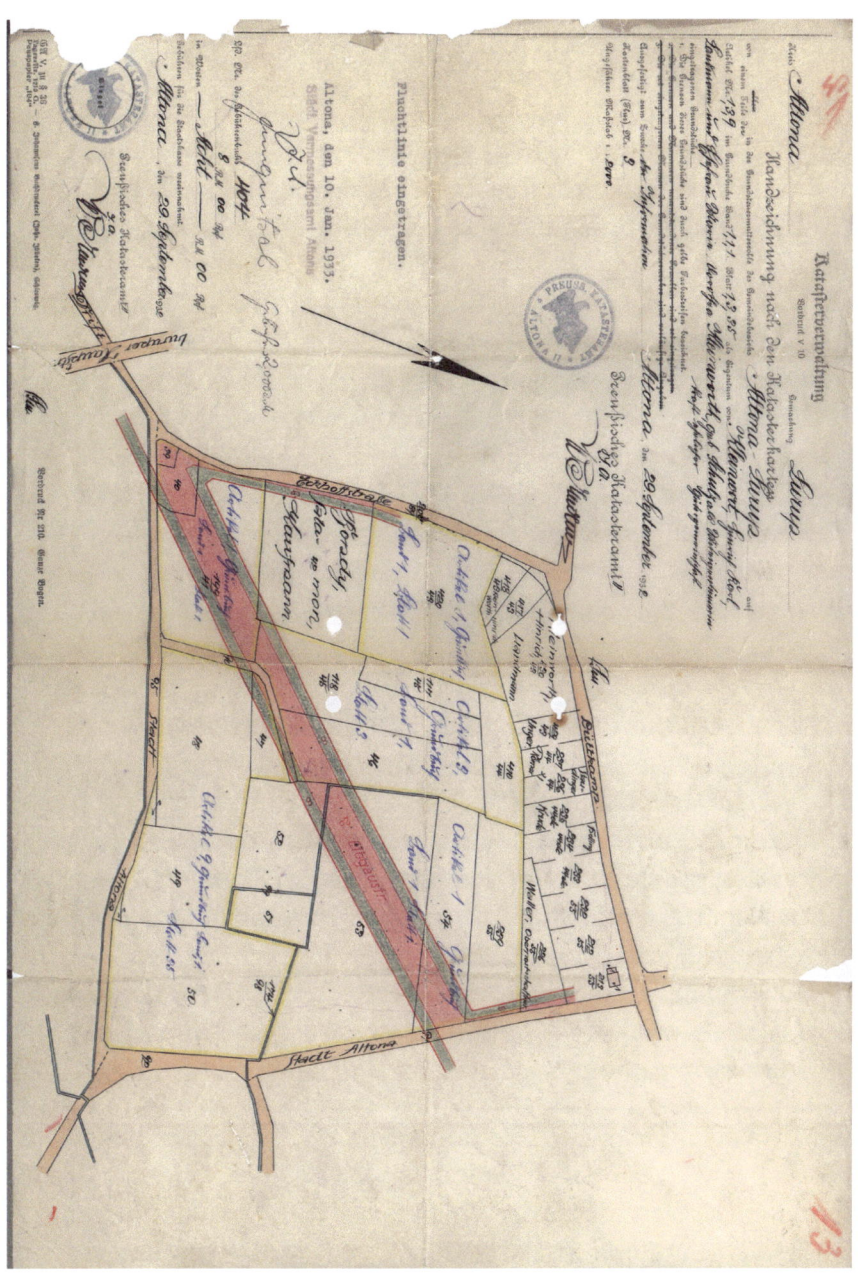

Staatsarchiv Hamburg 424-20 F 14

Zwangsverpachtung

Unmittelbar nach der Übertragung der Regierungsgewalt auf die NSDAP im Januar 1933 wurde der Erbengemeinschaft des Kaufmanns Salomon Bondy das Verfügungsrecht auf Ländereien von 7324 qm in der Eckhoffstraße abgesprochen mit der Begründung, dieses Gelände werde für die Verpachtung als Kleingartengelände benötigt. Der Magistrat verfügte eine Zwangspacht, die für die Kleingärtner außerordentlich günstig war. Dabei handelte es sich um Pachtgrundstücke für eine Erweiterung der Kleingartenkolonie Kleinworth, geführt wurde der Schriftwechsel mit dem Landesverband der Kleingartenvereine Altona. Der Erlass einer Zwangspacht war nach dem Kleingartengesetz und Reichssiedlungsgesetz möglich. Das 1919 erlassene Sonderrecht für Kleingärten erlaubte in dringenden Fällen Zwangsverpachtungen. [1]

„Die Zwangspacht wird als solche nicht im BGB erwähnt. Sie ist nur im § 5 der „Kleingarten- und Kleinpachtlandordnung" von 1919 gesetzlich geregelt worden. Hierin wurde festgelegt, dass bei Mangel an Kleingartenland die Grundstückseigentümer durch die zuständige untere Verwaltungsbehörde nach Anhörung der oberen Verwaltungsbehörde auf dem Wege der Zwangspachtung gezwungen werden können, Landflächen für die kleingärtnerische Nutzung zu stellen."[2]

Bereits 1928 war in Lurup eine Zwangspacht gegen eine Grundstückseigentümerin ausgesprochen worden zugunsten des Heimgartenbundes Altona: *„Das fragliche Grundstück war seit längerer Zeit an den nicht als gemeinnützig anerkannten Verein „Tannenberg" verpachtet. Die Verpächterin beabsichtigte, das Land aus der Pacht zu nehmen, um es für Kiesgewinnung zu verwerten. Die Pächter fürchteten, sich einem darauf gestützten Kündigungsverlangen nicht widersetzen zu können, wenn sie nicht*

---

[1] Peter Warnecke, Laube, Liebe Hoffnung. Kleingartengeschichte. Berlin 2001, S. 75

[2] Schriftenreihe zur Geschichte der Weißenseer Kleingartenbewegung, Informationen Dokumente Analysen Teil 3 Zwangspacht zwischen Bodeneigentümern und Kleingartenverbänden vor 1945 auch im Bezirk Weißensee, http://kleingaertner-weissensee.de/Dokumente/Tradition.html, S. 1

durch den Heimgartenbund, den als gemeinnützig anerkannten Verband Altonaer Kleingärtner, geschützt würden. Sie wünschten daher durch den Heimgartenbund zu pachten. Das Vorverfahren nach § 5 erübrigte sich im vorliegenden Fall, da der Herr Regierungspräsident erst vor kurzem anerkannt hat, dass der Heimgartenbund noch in erheblichem Umfange Land zur Befriedigung des Bedürfnisses seiner Mitglieder benötigt."[1]

Die Zwangspacht gegen die Erbengemeinschaft Salomon Bondys wurde ebenfalls damit begründet, dass nicht genügend anderweitiges Pachtland für den Kleingartenverein Kleinworth zur Verfügung stünde. Auf den ersten Blick ein nach damaligem Kleingartengesetz übliches Verfahren, auch wenn die Zwangspacht allgemein nur sehr selten ausgesprochen wurde. Die Sachlage war 1933 jedoch anders. Ländereien zur Vergrößerung der Kolonie waren ausreichend vorhanden, und auch eine gütliche Einigung zu einem für alle Beteiligten akzeptablen Pachtzins wäre wahrscheinlich möglich gewesen. Diese Zwangspacht durch die Verantwortlichen des Ortsverbandes der Kleingartenvereine und des Altonaer Magistrats war Teil der zahlreichen Ausgrenzungsmaßnahmen gegen Juden, die gleich nach 1933 das Alltagsleben bestimmten.

Besondere Vergünstigungen für Pächter der Kleingartensiedlung Kleinworth, in der viele von Obdachlosigkeit bedrohte Arbeiter aus den innerstädtischen Gebieten während der Zeit der Weltwirtschaftskrise als geduldete Dauersiedler wohnten, darunter überwiegend sich der Arbeiterbewegung zugehörig fühlende Sozialdemokraten, kamen sicher vielen gelegen, konnte doch auf diese Weise die Kolonie vergrößert werden, noch dazu zu einem besonders vorteilhaften Pachtzins. Diese Vergünstigungen wurden gleich nach der Machtergreifung gewährt, nach dem reichsweiten Aufruf zum Boykott jüdischer Geschäfte im April 1933. In Altona hatte der Boykott jüdischer Geschäfte bereits am 29. März 1933 eingesetzt.[2] Diese Boykottaktionen bestimmten somit auch in Lurup das öffentliche Leben. Der aus der Gewerkschaftsbewegung hervorgegangene Konsum- und Sparverein hatte im Lüttkamp eine Verkaufsstelle. Boykottmaßnahmen der antisemitisch mittelständischen Interessenverbände wie die ,Kampfgemeinschaft gegen Warenhaus, Konsumvereine

---

[1] Staatsarchiv Hamburg, 424-20 F 11
[2] Frank Bajohr, Arisierung in Hamburg: Die Verdrängung der jüdischen Unternehmer 1933 - 1945, Hamburg 2003, S. 46

und Großfilialbetriebe'[1] erschwerten 1933 den Betrieb dieser Filiale, die zerschlagen und dem Gemeinschaftswerk der Deutschen Arbeitsfront zugeordnet wurde. Die Traditionen der Gewerkschafts- und Arbeiterbewegung standen nicht notwendigerweise antisemitischen Aktionen ihrer Mitglieder entgegen, wie ein Streik der Mitarbeiter der Epa Filialen 1933 zeigte, der den Rücktritt der jüdischen Vorstandsmitglieder dieses Unternehmens erzwang.[2] Das Urteil gegen die Erbengemeinschaft Bondy wurde im Juni 1933 ausgesprochen. Dem vorausgegangen war ein Briefwechsel, von dem einige Anschreiben noch im Hamburger Staatsarchiv einsehbar sind. Der Vertreter der Erbengemeinschaft Bondy, der Tischlermeister Heinemeyer, reagierte scharf auf den Antrag zur Zwangspacht des Ortsverbandes der Kleingartenvereine Altona gegen die Erbengemeinschaft Bondy:

„Altona, den 20. April 1933

An den Magistrat der Stadt Altona (Rechtsamt)

Auf das dortige Schreiben vom 7. April 1933 -1200 v.Z. - erwidere ich hiermit, dass unsere in der Eckhoffstraße gelegenen 7324 qm bereits an einen Luruper Besitzer als gutes Weideland verpachtet worden sind. Es ist uns also nicht möglich das Land als Kleingartenland herzugeben. Eine von dort angekündigte Zwangspacht muss ich schon deshalb ablehnen, weil uns dann hiermit schließlich für immer ein freies Verfügungsrecht über das Grundstück genommen wird. Ein ev. Verkauf wird uns dadurch unmöglich gemacht und würde eine Zwangspacht weiter nichts als eine reine Enteigung bedeuten. Wir protestieren hiermit ganz energisch gegen ein derartiges ungehöriges Vorhaben und zwar schon deshalb, weil die Stadt noch über genügend Gelände im Stadtgebiet verfügt, was zu Kleingärten genommen werden kann. Außerdem liegt unser Gelände in der Bauzone und nicht in der Außengebietszone. Eine andere Zweckbestimmung wäre hier schon gar nicht am Platze. Der Kleingartenverband wird es aber in umliegender Gegend noch möglich sein, von anderen Besitzern freiwillig Land pachten zu können.

Hochachtungsvoll Wir die S. Bondy'schen Erben : Heinemeyer"[3]

---

[1] Frank Bajohr, Arisierung in Hamburg: Die Verdrängung der jüdischen Unternehmer 1933 - 1945, Hamburg 2003 S. 35

[2] Frank Bajohr, a.a.O. S. 56

[3] Staatsarchiv Hamburg 424-20 F 14

Die Reaktion des Ortsverbandes der Kleingartenvereine Altonas erfolgte prompt:

„Ortsverband der Kleingartenvereine Stadt Altona
1. Vorsitzende Paul Kersten Altona Elbe Am Felde 54
2. Mai 1933
An den Magistrat der Stadt Altona - Rechtsamt -
Der Ortsverband bittet, die Zwangspacht bezügl. das den Bondy'schen Er-
ben gehörige Gelände an der Eckhoffstraße in Lurup betreiben zu wollen.
Wie aus dem beigefügten Katasterplan ersichtlich, liegt dieses Gelände im
Zuge eines vom Ortsverband gepachteten größeren Kleingartengeländes,
das schon unter der Voraussetzung, dass über den Abschnitt Bondy bei
Verweigerung der Verpachtung als Kleingartengelände die Zwangspacht
bestimmt wird, entsprechend aufgeteilt ist.
Zu dem Schreiben des Vertreters der der Bondy'schen Erben Herrn Heine-
meyer ist zu bemerken, dass es unzutreffend ist, dass in der umlegenden
Gegend von anderen Besitzern freiwillig Land gepachtet werden kann.
Ebenso unzutreffend ist die Behauptung, dass im stadteigenen Besitz noch
genügend Gelände für Kleingärten zur Verfügung steht. Ich bitte daher, die
Zwangspacht über das fragliche Gelände zu beschließen. Mit vorzüglicher
Hochachtung 1. Vorsitzender"[1]

Am 10. Juni 1933 erfolgte dann das abschließende Urteil des Altonaer Magistrats, adressiert an ‚Herrn A. Heinemeyer':

„Der Bedarf an Kleingartenland ist in der letzten Zeit in Altona so ge-
stiegen, dass nach Feststellung des Regierungspräsidenten vom 21. Januar
1933 allein der Ortsverband der Kleingartenvereine noch etwa 23 ha Land
für bei ihm vorgemerkte Bewerber bedarf. Der Regierungspräsident hat
den Magistrat gemäß § 5 K.G.S. ersucht, das Erforderliche wegen Beschaf-
fung des Kleingartenlandes zu veranlassen. Der Magistrat hat bisher nur
einen kleinen Teil geeignetes Gelände beschaffen können. Nachdem der
Versuch des Kleingartenverbandes, das den Salomon Bondy'schen Erben
in Altona Lurup an der Eckhoffstraße gelegene Gelände Grundbuch von
Lurup Band I Blatt 8 zu pachten nicht gelungen ist, hat der Magistrat

---

[1] Staatsarchiv Hamburg 424-20 F 14

nunmehr in seiner Sitzung vom 7. Juni beschlossen, Bondy's Erben gemäß § 5 K.G.G. aufzufordern, das fragliche Gelände an den Ortsverband der Kleingartenvereine zu verpachten. Dieser Beschluss stellt die Anordnung einer sogenannten Zwangspacht dar. Gegen ihn ist binnen 2 Wochen nach Zustellung die Beschwerde an den Herrn Regierungspräsidenten in Schleswig zulässig.

Abschrift an den Ortsverband der Kleingartenvereine."[1]

Damit verlor die Erbengemeinschaft Bondy den Zugriff auf eine Immobilie, die aufgrund ihrer Nähe zu der sich seit 1928 stetig vergrößernden Schmirgel, der Norddeutschen Schleifmittelindustrie Christiansen & Co, zu einem guten Preis als Bauland hätte verkauft werden können. Der Nationalsozialistische Staatskommissar für das Schreber- und Kleingartenwesen in Hamburg, der 1933 als Sonderstaatskommissar eingerichtet worden war,[2] und der Landesverband der Kleingärtner in Altona mit der Unterstützung des Magistrats hatten das Verfügungsrecht über die Immobilie einer jüdischen Erbengemeinschaft mithilfe einer gewagten Interpretation des Siedlungsgesetzes erlangt. Die Kleingärtner folgten bis in die subtilen Bereiche der Sprache hinein der antisemitischen Entwertungsstrategie. Der Kleingartenverein erhielt den Namen nach dem Landwirt Hinrich Kleinworth, dessen Land jedoch einen vergleichsweise geringen Anteil an dem gesamten Pachtland des Kleingartenvereins hatte. Der weitaus größere Teil gehörte der Erbengemeinschaft Bondy.

---

[1] Staatsarchiv Hamburg 424-20 F 14
[2] Frank Bajohr a.a.O., S. 71

Verhandlungsvollmacht für die ‚arischen‘ Angestellten

Die Zwangsverpachtungen nach 1933 waren nur der Beginn einer Abfolge von Diskriminierungen und staatlich verordneten Verfolgungsmaßnahmen, die die Familien Zadik und Bondy ihres gesamten Vermögens berauben sollten. Mit dem Boykott jüdischer Geschäfte einher ging die Erfassung jüdischer Unternehmen und die Entlassung jüdischer Geschäftsinhaber. Für die Angestellten der jüdischen Unternehmer waren damit neue Karriereperspektiven eröffnet. Harald Welzer schildert die Chancen, die sich den ‚arischen‘ Deutschen boten: *„Während es den einen zunehmend schlechter ging, fühlten sich die anderen immer besser. Das nationalsozialistische Projekt bot ja nicht nur eine glanzvoll ausgemalte Zukunft, sondern auch ganz handfeste Gegenwartsvorteile wie zum Beispiel exzellente Karrierechancen. Der Nationalsozialismus hatte eine extrem junge Führungselite, und nicht wenige gerade der jüngeren Volksgenossinnen und -genossen konnten große persönliche Hoffnungen mit dem Siegeszug der „arischen Rasse" verbinden.“*[1]
Auch für die Angestellten der Erbengemeinschaft eröffneten sich neue Möglichkeiten. Nach 1933 führte der Tischlermeister Karl August Heinemeyer als Bevollmächtigter der Erbengemeinschaft Bondy nicht nur die Abrechnungen mit den Pächtern und Restschuldern und die Verkaufsverhandlungen, sondern auch den Schriftwechsel mit den nationalsozialistischen Behörden. Bereits 1937 war der Bürovorsteher Theodor Schmädeke beauftragt, Verhandlungen zu führen, die die Erbengemeinschaft betrafen. In diese Tätigkeit musste er von dem Gauwirtschaftsberater ernannt worden sein[2]. Theodor Schmädeke, Jahrgang 1878, war seit 1919 Bürovorsteher der Sozietät Manfred Zadiks. Die von ihm unterschriebenen Kaufverträge bis 1937 kamen bereits ohne direkte Beteiligung der jüdischen Erben zustande. Diese Immobilienverkäufe unter Wert erfolgten unter dem Druck der sich stetig verschärfenden Verfolgung und existentiellen Bedrohung der Familien Bondy und Zadik durch die nationalsozialistischen Altonaer und Hamburger Behörden und werden auch deshalb zustande gekommen sein, weil die Familien bereits die Flucht ins Ausland planten.

[1] Harald Welzer: Die Deutschen und ihr „Drittes Reich". In: Aus Politik und Zeitgeschichte, 14-15/2007, S. 21-28.
[2] Frank Bajohr a.a.O., S. 181

Immobilienverkäufe 1936 und 1937

Im Vermögensverzeichnis von Manfred Zadik findet sich eine Auflistung der Immobilien vom 15. März 1939, dass für die Devisenstelle im Auftrag des Oberfinanzpräsidenten angefertigt werden musste. Diese Auflistung nennt Namen der Pächter und Restschuldner mit Straßenangabe und Hausnummer, insgesamt 23 Personen vor allem aus Lurup und Altona. Vermutlich handelte es sich um Käufer, die Restkaufgelder noch nicht abbezahlt hatten, diese Immobilien befanden sich in den Straßen Luckmoor, Kleiberweg, Kiebitzmoor, Luruper Hauptstraße, Eckhoffstraße, Böversland, Koppelbarg, hinzu kamen Pachtgrundstücke verschiedener Parzellen, darunter auch von Kleingartengebieten.[1] Auch im Friedrichshulder Weg nahe dem Rangierbahnhof Eidelstedt lagen Pachtgrundstücke. Die meisten Pächter und Restschuldner waren einfache Arbeiter und Handwerker, die ihre Pacht bzw. Ratenzahlungen an den Beauftragten der Familien, den Tischlermeister Alfred Heinemeyer, monatlich zahlten, der persönlich vorbeikam. Nach 1933 übernahmen einige dieser Pächter und Restschuldner diese Immobilien von der Erbengemeischaft, vermutlich zu besonderen Konditionen angesichts der Verfolgungssituation der Familien Bondy und Zadik. Kaufverträge aus den Jahren 1936 und 1937 sind sie von dem Tischlermeister Heinemeyer und dem Bürovorsteher Schmädeke als Vertreter der Erbengemeinschaft unterschrieben worden, nicht, wie es eigentlich angesichts der Eigentumsverhältnisse angemessen gewesen wäre, von den Testamentsbevollmächtigten Manfred Zadik und Curt Bondy persönlich. Auffällig ist auch, dass die Kaufpreise teilweise besonders günstig waren. Der Kaufpreis für eine 1300 qm große Immobilie im Kiebitzmoor betrug 1,55 Goldmark pro qm für 1000 qm und für 300 qm 0,90 Goldmark. Angesichts des Preisverfalls der Goldmark, die ab 1924 nicht mehr die offizielle Währung darstellte, dürfte das für den Käufer Paul E. ein besonders günstiger Preis gewesen sein. Die ‚Arisierung‘ der Immobilien, die noch von Pächtern oder Restschuldnern abbezahlt wurden, wurde seitens der Behörden sukzessive vorangetrieben. Von den ursprünglich 50 ha Immobilien Salomon Bondys im Jahr 1932 gehörten der Erbengemeinschaft im Jahr 1939 nur noch ca. 38 ha in Lurup, Eidelstedt, Niendorf, Othmarschen, Altona, Flottbek und Eilbek.

---

[1] Staatsarchiv Hamburg 314-15 R 1939_2012

Verordnungen nach 1938

Für die Familien Bondy und Zadik verschärfte sich die existentielle Bedrohung dramatisch nach der sogenannten ‚Reichskristallnacht‘ im Jahr 1938. In der Nacht vom 9. auf den 10. November kam es auch in Hamburg und Altona zu staatlich angeordneten Gewaltexzessen gegen Juden, auch außerhalb der innerstädtischen Gebiete. Die Synagoge am Bornplatz im Hamburger Grindelviertel wurde zerstört, die große Synagoge in Altona von beauftragten Handwerkern demoliert.[1] Geschäfte jüdischer Inhaber wurden auch in Eimsbüttel, Eppendorf und Langenhorn verwüstet, die Übergriffe in Hamburg standen denen in anderen Städten entgegen dem nach 1945 verbreiteten Mythos in nichts nach.[2] Wenige Tage nach der ‚Reichskristallnacht‘ plante die Führungsriege um Hitler die Enteignung der Juden. Frank Bajohr schildert ausführlich die Vorgänge, die die Arisierungen in Hamburg einläuteten: *„Bereits am Tag nach dem Progrom, dem 10. November 1938, hatte Hitler in einem Gespräch mit Goebbles und Göring die endgültige ‚Ausschaltung‘ der Juden aus der Wirtschaft befohlen. … Die Zwangs-‘Arisierung‘ und Liquidierung jüdischer Unternehmen wurde wurde am 12. November 1938 durch die erste Verordnung zur Ausschaltung der Juden aus dem deutschen Wirtschaftsleben eingeleitet, die Juden den Betrieb von Einzel- und Versandgeschäften sowie Handwerksbetrieben nach dem 1. Januar 1939 untersagte."*[3] Juden mussten eine detaillierte Liste ihrer Besitzstände anfertigen, um damit die staatliche Plünderung iherer Besitztümer selbst zu unterstützen. Das betraf auch Aktien und Schmuck, wie Frank Bajohr weiter ausführt: *„Wertpapiere mussten bei der Devisenbank abgegeben werden, Juwelen, Schmuck und Kunstgegenstände einer öffentlichen Ankaufstelle des Reiches angeboten werden."*[4] Hinzu kam die

---

[1] Hilde Michael, Das Leben der Hamburger und Altonaer Juden unter dem Hakenkreuz: anhand ausgewählter Briefe des Dr. Joseph Carlebach, Hamburg 2009

[2] Sielemann, Jürgen: Fragen und Antworten zur »Reichskristallnacht« in Hamburg, in: Zeitschrift des Vereins für Hamburgische Geschichte, 83 (1997), S. 473-501, siehe auch http://agora.sub.uni-hamburg.de der Staatsbibliothek Hamburg

[3] Frank Bajohr a.a.O., S. 277

[4] Frank Bajohr, a.a.O., S. 278

Judenvermögensabgabe, so Frank Bajohr: *„Die am selben Tag erlassene Verordnung über eine Sühneleistung der Juden deutscher Staatsangehörigkeit verlangte ihnen zusätzlich eine Zwangskonstribution in Höhe von einer Milliarde RM ab, die in fünf Raten zu je fünf Prozent des jeweiligen Einzelvermögens erhoben wurde. In Hamburg führte die Gestapo im Dezember 1938 darüber hinaus eine besondere ‚Auswandererabgabe‘ in Höhe von 20% des Reichsfluchtsteuersatzes ein.“*[1]

In seiner Disseration beschreibt Lillteicher diese Maßnahmen als ein System perfider Sonderabgaben:

„Der Zugriff des nationalsozialistischen Staates auf das jüdische Vermögen war nicht nur durch Konfiskation und Verkauf von greifbaren Gütern geschehen, sondern hatte sich auch auf das Barvermögen erstreckt, das mit Hilfe des ganzen Spektrums fiskalischer Instrumente beigetrieben worden war. Hierzu hatte ein ausgefeiltes System von Sondersteuern und Abgaben gehört, deren Einziehung wiederum Konfiskationen und Zwangsversteigerungen von immobilen Werten zur Folge haben konnte. Das Steuerinstrument hatte der Abschöpfung von Verkaufserlösen bei Rechtsgeschäften zwischen Juden und Nichtjuden gedient und hatte eine Beteiligung bei Zwangsliquidationen von Geschäften und Betrieben und bei Versteigerungen von Umzugsgut ermöglicht. Meist hatte man gar nicht erst abgewartet, ob die zur Zahlung von Steuern veranlagten Juden auch in bar bezahlen wollten, sondern war gleich zur Konfiskation von immobilen Werten übergegangen. Neben speziellen Einkommenssteuersätzen für Juden waren jedoch auch andere schon bestehende Steuervorschriften in radikalisierter Form auf Juden angewendet worden oder spezielle Sonderabgaben schlichtweg auf dem Verordnungswege neu erfunden worden. So wurde die Reichsfluchtsteuer gezielt zu einer Zwangssteuer umgewandelt. Die noch von Reichskanzler Brüning aus reparationspolitischen Gründen im Jahr 1931 eingeführte Steuer entwickelte sich durch stetige Verschärfung zu einem Instrument, das die Oberfinanzdirektionen in besonders diskriminatorischer Weise bei Juden zur Anwendung brachten. Die Steuer war fällig geworden, wenn der Steuerpflichtige seinen inländischen Wohnsitz oder gewöhnlichen Aufenthaltsort im Inland aufgegeben bzw. dies durch seine Auswanderung beabsichtigt hatte. Damit wollte man die mit der Auswanderung verbundene Kapitalflucht verhindern. Im Zuge der Auswanderung

---

[1] Frank Bajohr, a.a.O., S. 277 und 278

ins Ausland war der Transfer des Restvermögens durch das so genannte Disagio erschwert worden. Dies war ein Abschlag gewesen, der beim Umtausch eines Auswanderersperrguthabens in Devisen an die Deutsche Golddiskontbank (Dego) gezahlt werden musste. Auch hier setzte eine schleichende Verschärfung ein. Der Abschlag hatte noch im Januar 1934 etwa 20 Prozent der transferierten Gesamtsumme betragen. Im August 1934 waren es bereits 65 Prozent, im Juni 1935 dann 58 Prozent, im Oktober 1936 81 Prozent und im Juni 1938 dann 90 Prozent der Gesamtsumme gewesen, die ein Jude zu entrichten hatte. Auch bei der Ausfuhr von Umzugsgut musste eine Abgabe an die Deutsche Golddiskontbank bezahlt werden, die meist dem vollen Wert des Umzugsgutes entsprach. Grundlage für eine effiziente Einholung der Sondersteuern war die „Verordnung über die Anmeldung des Vermögens von Juden" vom 26. April 1938 gewesen. Hiernach hatten Juden eine Bewertung ihres gesamten in- und ausländischen Vermögens vorzunehmen und bei den Finanzämtern anzumelden. Da hohe Strafen für falsche und verspätete Anmeldungen angedroht worden waren, hatte der NS-Fiskus eine umfassende Übersicht und Kontrolle über das Vermögen der Juden erhalten. Ein weiteres Instrument hatte die Judenvermögensabgabe dargestellt, die aufgrund der Verordnung über eine Sühneleistung der Juden deutscher Staatsangehörigkeit vom 12. November 1938 erhoben worden war. Anlass war wie bei der Pogromnacht die Ermordung des deutschen Gesandschaftsrats vom Rath in Paris gewesen. Die so genannte Sühneleistung war auf 1 Mrd. RM festgelegt worden. Juden hatten zunächst 20 Prozent und später 25 Prozent ihres angemeldeten Vermögens in fünf Raten abzuführen. "[1]

Zahlreiche Schreiben der Devisenstelle des Hamburger Landesfinanzamtes des Hamburger Staatsarchivs an an Mitglieder der Familien Bondy und Zadik sind erhalten geblieben und dokumentieren en détail die Prozesse ihrer Enteignung und Vertreibung.

---

[1] Jürgen Lillteicher, Die Rückerstattung jüdischen Eigentums in Westdeutschland nach dem Zweiten Weltkrieg. Eine Studie über Verfolgungserfahrung, Rechtsstaatlichkeit und Vergangenheitspolitik 1945–1971, Freiburg im Breisgau 2003, S. 207f

R 16-2514/38.   Hamburg, den ~~18.~~ November 1938

1) an den
         Herrn OFPRäs. Schlesien,
             (Devisenstelle)

                      B r e s l a u ,
         ~~Betr. Kapitalfluchtverdacht~~   Höfchenstrasse 31

             Der Jude Dr.K.W. B o n d y , früher wohnhaft Hamburg-
Othmarschen, Jungmannstrasse 1, jetzt nach Gross Breesen bei
Oberhigk in Schlesien, verzogen. Das für ihn zuständige Finanzamt ist das Finanzamt Trebnitz. Wie mir bekannt geworden ist,
hat Bondy die ihm gehörenden Grundstücke in Hamburg, Dorothe-
enstrasse 139 und Gryphiusstrasse 12, verkauft. ~~Es besteht~~
~~Kapitalfluchtverdacht.~~

             Da Dr. Bondy verzogen ist, halte ich die dortige Zustän-
digkeit für gegeben. Ich stelle anheim, Sicherungsmassnahmen
gegen das Vermögen des Dr.B. , das hier im einzelnen nicht bekannt ist, zu ergreifen.

                      ----

2) an Herrn Rechtsanwalt Dr. Manfred Zadik, Hamburg 1,
                                      Rathausstrasse 16.

    Betrifft: Dr.K.W. Bondy.

             Auf das Schreiben vom 5.11.38 teile ich mit, dass sich
mein Ersuchen vom 3.11.38 erledigt hat.

                      ----
3) _Mankette vernichten_
4) – blaue Nummer löschen   _erl. 25 -_
5) Weglegen bei R.

                                      I.A.

Zollfahndungsstelle   Hamburg, 14. April 39.
Hamburg

D VIII 1791/38.

           Herrn

Anl.: 1 Heft.   OFPräs. Hmb. (Devisenstelle),
                  z.Hd. des H. ZI. Bösche

Bearb.: Werner, ZI(F).   H a m b u r g .

Betr.: Kapitalfluchtverdacht Dr. Manfred Israel Zadik, Hamburg-
                        Othmarschen, Jungmannstr. 1.

Vorg.: o.V.

       Hiermit übersende ich meine Ermittlungsvorgänge

gegen   Dr. Manfred Israel Z a d i k und Ehefrau Nelly Sara
        geb. Bondy...

wegen Verdachts der Kapitalflucht. Der Verdacht gründet sich
auf die Tatsache, dass ... Zadiks Juden sind und auszuwandern...
                     beabsichtigen...

       Um zu verhindern, dass unter Verletzung oder Umgehung
bestehender Vorschriften Vermögenswerte der Devisenbewirt-
schaftung entzogen werden, habe ich die in Abschrift beigefügte vorläufige Sicherungsanordnung erlassen. Ich be-
ziehe mich im übrigen auf den anliegenden Ermittlungsbericht
und bitte, die vorläufige Sicherungsanordnung zu bestätigen.

       Abschriften der Ermittlungsvorgänge haben erhalten:

Geheime Staatspolizei Hmb.   ~~Reichswirtschaftsoberarbeiter Hmb.~~
Steuerfahndungsdienst Hmb.   ~~Devisenfahndelsberamer, Hmb.~~
Reichsbankhauptstelle Hmb.   ....

       Die Sicherungsanordnung bzw. Abschriften und
Auszüge derselben sind zugestellt an:
die Betroffenen, die Hamburgische Landesbank, die Basler-Lebens-
versicherungs-Ges. und Prof. Dr. K.W. Bondy, Gross-Braasen bei
Obernigk in Schlesien, als den zweiten Testamentsvollstrecker,
....

       Den Sachausgang bitte ich mir mitzuteilen.

                  Im Auftrag:

Staatsarchiv Hamburg 314-15 R 1939_2012

Reichsfluchtsteuer und Sperrkonto

Ab April 1939 erhielten alle Polizeidienststellen, die Gestapo und die Steuerfahndungsstellen Meldung über die Familien Bondy und Zadik. Damit waren die Familien im gesamten Deutschen Reich der Personenfahndung ausgesetzt, sie verloren damit das freie Aufenthaltsbestimmungsrecht. Die Behörden gaben an, sie hätten Kenntnis darüber erhalten, dass die Familien auswandern wollten, und beschlagnahmten alle Vermögenswerte. Zunächst erhielt Manfred Zadik eine sogenannte ‚Sicherungsanordnung.' Das betraf auch den Immobilienbesitz:

„13. April 1939
Mit Zustellungsurkunde!
U 26-212/39
1. a Dr. Manfred Zadik
  b Herrn Professor Dr. Bondy
z.Hd von Herrn Dr. Manfred Zadik
als Testamentsvollstrecker von S. Bondy Nachlass Hamburg Othmarschen
Jungmannstraße 1
Sicherungsanordnung
Ich ordne gemäß § 59 Devisengesetz vom12.12.38 mit sofortiger Wirkung an, dass die Herren Dr. Manfred Zadik und Professor Dr. Bondy als Testamentsvollstrecker von S. Bondy Nachlass nur mit Genehmigung unter obigem Geschäftszeichen über folgende Vermögenswerte verfügen dürfen:
1. Über das Konto Bondy Nachlass bei der Hamburgischen Landesbank
Ohne Genehmigung können folgende Zahlungen gelistet werden:
a. sämtliche Steuern und öffentlichen Abgaben
b. die 20% Sühne-Abgabe der Juden
c. sämtliche Steuern und Pflichtabgaben an die jüdische Gemeinde
d. ersatzlose Abgaben an die Deutsche Golddiskontbank Berlin
Die Zahlungen dürfen nur durch unmittelbare Überweisung an die Empfangsberechtigten und nur für eigene Verpflichtungen erfolgen.
Meine Genehmigung ist ferner nicht erforderlich für die Leistungen von Sicherheiten und Übertragung von Werten an Zahlungsstatt aus dem gesperrten Konto für die vorstehend aufgeführten Verpflichtungen.

2. Über die folgenden Grundstücke:
a. in Hamburg Othmarschen, Jungmannstraße 3 Grundbuch von Bahrenfeld Band 43
b. in Lurup Grundbuch von Lurup Band I Bl 30,
c. in Lurup Grundbuch von Lurup Band II Bl 69
d. in Eidelstedt Grundbuch von Eidelstedt BandII Bl 61
e. in Eidelstedt Grundbuch von Eidelstedt Band 86 Bl 1281
Die Grundstückserträgnisse sind auf das gesperrte Konto S. Bondy Nachlass bei der Hamburgischen Landesbank ohne Genehmigung zu verbringen. Die Lasten sind vorweg zu bezahlen.
Bei etwaigen Verkäufen von Grundstücken oder Grundstücksteilen kann der verbleibende Erlös ohne Genehmigung auf das gesperrte Konto bei der Hamburger Landesbank überweisen werden.
3. über die nachstehenden Hypotheken:
[Anm. A.S.: genannt werden 9 Hypotheken unter folgenden Adressen: Kösterstraße in Eppendorf, Luckmoor in Lurup, Otto - Ernst - Straße in Flottbek, Kirchenweg in Othmarschen, Luruper Hauptstraße in Osdorf, und andere]

4. Über die folgenden Restkaufgelder:
[Anm. A.S.: genannt werden 14 Restschuldner unter folgenden Adressen: Kleiberweg, Tornquiststraße, Kiebitzmoor, Luruper Hauptstraße, Eckhoffstraße mehrfach, Böversland, Koppelbarg, Sommerweg in Eidelstedt, Völkerstraße in Altona, Holstenstraße, und andere]

Etwaige Zahlungen können ohne Genehmigung auf das gesperrte Konto S. Bondy Nachlass bei der Hamburger Landesbank überweisen werden. Verfügungen, die gegen diese Sicherungsanordnungen verstoßen, sind nach § 64 Abs. 1 Devisengesetz vom 12.12.38 nichtig. Zuwiderhandlungen gegen diese Sicherungsordnung sind nach § 69 Abs. 1 Ziff. 6 Devisengesetz vom 12.12.38 mit Gefängnis und Geldstrafe, in besonders schweren Fällen mit Zuchthaus und Geldstrafe strafbar.
Gründe:
Die Berechtigten des Nachlasses S. Bondy Nachlass sind Juden. Es ist damit zu rechnen, dass sie in nächster Zeit auswandern werden. Mit den in letzter Zeit mit auswandernden Juden gemachten Erfahrungen ist es notwen-

dig, Verfügungen über das Vermögen nur mit Genehmigung zuzulassen.
Gegen diese Sicherungsanordnung ist die Beschwerde an den Reichswirt-
schaftsminister Berlin gegeben.
Die Beschwerde ist – in doppelter Ausfertigung – bei mir einzureichen hat
jedoch keine aufschiebende Wirkung.
Die Kosten dieser Sicherungsanordnung fallen gemäß § 63 Devisengesetz
vom 12.12.38 den Betroffenen zur Last.
Genehmigungen auf Grund dieser Anordnung ersetzen etwa erforderli-
che andere behördliche Genehmigungen nicht. Nach anderen gesetzlichen
Bestimmungen erforderliche Genehmigungen sind mir bei Antragstellung
vorzulegen."

Dem Schreiben beigefügt ist ein Vermerk über die Leitstellen und Körperschaften, die Abschriften erhalten sollten, die Familien Bondy und
Zadik wurden damit erkennungsdienstlich erfasst:

„2 Abschr. von 1 an
a Rpkhptst. Hmb.
b FA. f. Körperschaften
c STFD. Hmb.
d ZFST. Hmb.
e F. Ausw.
f Gestapo m. Zus.: Es handelt sich um die Juden Frau Nelly Nadik, Prof.
Dr. Bondy Dr. Max Bondy Kinder und Dr. F.H. Bondy als Erben des Testa-
ments.
3 Mitteilg a/Vordr. R 1 an AG. Altona, 5x
4 Mitteilg a/Vordr. R2 an AG Hamburg, 5x
AG Altona 3x, AG Aachen 1x, AG Blankenese 1x"[1]

Die Erbengemeinschaft Salomon Bondys musste nicht nur die Reichsfluchtsteuer entrichten, sondern auch die Einnahmen für die Immobili-
en in Lurup und Eidelstedt zunächst auf ein Sperrkonto leiten.
Die Behörden forderten, dass Manfred Zadik, der juristische Sprecher
der Erbengemeinschaft, die demütigenden Maßnahmen selber einzulei-
ten hatte.

---

[1] Staatsarchiv Hamburg 314-15 R 1939_2012

In einem Schreiben an Manfred Zadik als Testamentsvollstrecker des Bondy Nachlasses vom 23. Januar 1940 heißt es unter dem Betreff

„Anordnung gemäß § 59 Devisengesetz:"

„I. Vorfügungsbeschränkungen.

1. Sie haben binnen 5 Tagen nach Zustellung dieser Anordnung

a) ein auf Namen des Nachlasses lautendes und als
„beschränkt verfügbares Sicherungskonto" zu bezeichnendem Konto bei einer Devisenbank - gegebenenfalls unter Verwendung eines bei. einer solchen Bank bereits bestehenden Kontos - zu errichten;
b) der Bank die beiliegende Abschrift dieser Anordnung auszuhändigen;
c) die Bank zu veranlassen, die Errichtung des Kontos sowie die Aushändigung der Abschrift alsbald zu bescheinigen.
Das Sicherungskonto darf nur bei der Bank geführt werden, die die Abschrift der Anordnung in Händen hat. Ueber das jeweilige Guthaben auf diesem Konto dürfen Sie - vorbehaltlich der Ziffer 3 - nur mit schriftlicher Genehmigung der Devisenstelle verfügen»
2. Neben dem beschränkt verfügbaren Sicherungskonto dürfen Sie weitere, bereits bestehende Bank-, Sparkassen- und Postscheckkonten beibehalten, über die jeweiligen Guthaben auf diesen Konten jedoch nur durch Uebertragung oder Ueberweisung auf das beschränkt verfügbar Sicherungskonto verfügen.
3. Ohne Genehmigung dürfen Sie über das jeweilige Guthaben auf dem beschränkt vorfügbaren Sicherungskonto für Rechnung des Nachlasses zu folgenden Zwecken verfügen :

a) zur Bezahlung und Sicherstellung von Steuern."[1]

„II. Einzahlungspflicht»
Sie haben Bargeld und Schecks, die sich bei Zustellung dieser Anordnung in Ihrem Besitze oder in Ihrer Verfügungsmacht befinden, sofort auf das beschränkt verfügbare Sicherungskonto einzuzahlen.

---

[1] Staatsarchiv Hamburg 314 15 R 1939_2012

1. In Zukunft dürfen Sie Zahlungen gleich welcher Art nicht mehr bar, sondern nur noch auf dem beschränkt verfügbaren Sicherungskonto entgegennehmen.

III. Benachrichtigungspflicht.
Sie haben alle Banken, Sparkassen und Postscheckämter, bei denen Sie für den Nachlass zurzeit weitere Konten unterhalten, und außerdem sämtliche anderen Personen, Versicherungsgesellschaften, Firmen usw., von denen der Nachlass jetzt oder in Zukunft einmalige oder laufende Zahlungen zu erwarten hat, durch eingeschriebenen Brief zu benachrichtigen, daß Sie Zahlungen nur noch auf dem beschränkt verfügbaren Sicherungskonto entgegennehmen dürfen und daß Barzahlungen an Sie oder Zahlungen zu Gunsten des Nachlasses an dritte Personen nicht mehr zulässig sind."[1]

Damit war die Enteignung des gesamten Vermögens eingeleitet. Über die Immobilien in Lurup und Eidelstedt verfügten nunmehr die Behörden.

---

[1] Staatsarchiv Hamburg 314-15 R 1939_2012

Hamburgische Grundstücksverwaltungsgesellschaft

Zahlreiche Dokumente zeigen, dass die Hamburgische Grundstücksverwaltungsgesellschaft von 1938 mbH für die ‚Arisierungen' der Immobilien der Erbengemeinschaft Bondy eine zentrale Funktion einnahm.
In seiner Dissertation schildert Jürgen Lillteicher die zahlreichen Verfü-
gungsbeschränkungen für jüdischer Grundeigentümer auf ihren Immobilienbesitz und die Bedeutung dieser Gesellschaft:

*„Nicht nur Unternehmen und Kleinbetriebe hatten in der NS-Zeit den
Besitzer gewechselt, sondern eine Vielzahl von Grundstücken und Häu-
sern waren zu günstigsten Preisen an so genannte „Arier" überschrieben
worden. Ab 1938 hatten sich beispielsweise die Hamburger NSDAP und
insbesondere der Reichsstatthalter Kaufmann in Zusammenarbeit mit der
Devisenstelle der Oberfinanzdirektion jüdischer Grundstücke und Häuser
bemächtigt. Mit der Verordnung über den Einsatz des jüdischen Vermögens vom 3. Dezember 1938 war eine staatliche Genehmigungspflicht für
den Verkauf von Grundstücken und die generelle Praxis des Zwangsver-
kaufs eingeführt worden. Parallel zu dieser Entwicklung waren die Oberfinanzdirektionen dazu übergegangen, gemäß § 37 a des Devisengesetzes
Sicherungsanordnungen über Grundstücke zu erlassen. Die Finanzverwal-
tung hatte von diesem Instrument auch dann regen Gebrauch gemacht,
wenn kein berechtigter Verdacht auf Devisenschmuggel bestanden hatte.
In Hamburg war der Reichsstatthalter und Gauleiter Kaufmann zur
obersten Instanz bei der Genehmigung von Grundstücksverkäufen geworden. Bevor dieser entschied, waren die Kaufverträge dem Gauwirtschaftsberater vorgelegt worden, der die Verwaltung für Handel, Schifffahrt und
Gewerbe anwies, den Kaufpreis nach seinen Vorgaben festzulegen. Daraufhin hatte sich die „Hamburger Grundstücks-Verwaltungsgesellschaft
von 1938 mbH" (GVG) in das Verfahren eingeschaltet. Diese war durch
die „Arisierung" von bestehenden Grundstücksverwaltungsgesellschaften
und durch die treuhänderische Verwaltung von Grundstücken, für die eine
Sicherungsanordnung der Devisenstelle vorlag, an jüdisches Eigentum in
beträchtlichem Umfang gelangt. Die Gesellschaft hatte sich auch direkt
in Zwangsübertragungen von Grundstücken zwischen Privatpersonen
eingeschaltet, indem sie mit potenziellen Käufern über die Zahlung von so
genannten „Arisierungsspenden" verhandelte. Erst wenn diese Verhand-*

lungen zur Zufriedenheit des Gauleiters verlaufen waren, hatte er die Verkaufsgenehmigung erteilt. Der Gauleiter hatte ein besonderes Interesse an möglichst großzügigen Spenden, weil die Reingewinne der GVG in die Kasse der Hamburger NSDAP flossen und beispielsweise als besondere Zuwendungen an verdiente Parteigenossen verwendet werden konnten. Die „Arisierungsspenden" wurden also vom Gauleiter zur Untermauerung seiner eigenen Position innerhalb der Partei benutzt."[1]

Auch die Immobilien der Erbengemeinschaft Bondy fielen an die Hamburger Grundstücks-Verwaltungsgesellschaft von 1938 mbH. Die Villen in der Jungmannstraße in Othmarschen erhielt die ‚arische' Käuferin Else A.[2] Nutznießer der ‚Arisierungen' waren auch die vielen kleinen Handwerker und Arbeiter, die ihre Pachtverträge und Hypotheken zu günstigsten Konditionen umwandeln konnten. Die Hamburgische Grundstücksverwaltungsgesellschaft von 1938 mbH übernahm mit Unterstützung des Ortsbauernführers teilweise die Auswahl der Pächter und Restschuldner. Auch der von Udo Krell in ‚Unser Lurup' erwähnte ‚Oberwachtmeister' Karl Wilhelm Burrack, der nach seiner Darstellung die Hofstelle 13 an der Luruper Hauptstraße 1931 erworben haben soll, ist unter diesen Restschuldnern aufgeführt.[3]
Der Ortsbauernführer Hinrich Ladiges erhielt zahlreiche attraktive Grundstücke. Der größte Teil der Immobilien fiel an die Hansestadt Hamburg, die damit Bebauungspläne an der Elbgaustraße und im Friedrichshulder Weg realisieren konnte. Einige Details dieser ‚Arisierungen' sollen im Folgenden ausführlicher dargestellt werden.

---

[1] Jürgen Lillteicher, Die Rückerstattung jüdischen Eigentums in Westdeutschland nach dem Zweiten Weltkrieg. Eine Studie über Verfolgungserfahrung, Rechtsstaatlichkeit und Vergangenheitspolitik 1945–1971, Freiburg im Breisgau 2003, S. 143f
[2] 314-15 R 1939 196
[3] Udo Krell, Unser Lurup, Hamburg 1978, S. 245

Mit Zustellungsurkunde !

U 26-2012/39   1)   a) Herrn Dr.Manfred Zadik,   Hamburg-Othmarschen,
                                                    Jungmannstr.1,
                      b) Herrn Professor Dr.Kurt Werner Bondy,
                                                    Größbeeren b/Obernigl
                                                    ─────────── Schles.
             als Testamentsvollstrecker von S.Bondy Nachlaß.

             Hierdurch ergänze ich meine Sicherungsanordnung
          vom 13.April 1939 – U 26-2012/39 – dahin, daß die Herren
          Dr.Manfred Zadik und Professor Dr.K.W.Bondy als Testa-
          mentsvollstrecker von S.Bondy Nachlaß auch über die folgen-
          den Nachlaßgrundstücke nur mit Genehmigung unter obigem
          Geschäftszeichen verfügen dürfen:
             Grundstück in Lurup, Band I Bl.8,
                  "   " Eidelstedt Bd.III Bl.110.
             Bei etwaigen Verkäufen von Grundstücken oder
          Teilen derselben kann der verbleibende Erlös ohne
          Genehmigung auf das gesperrte Konto "S.Bondy Nachlaß"
          bei der Hamburgischen Landesbank überwiesen werden.
             Wegen der Nichtigkeit, Strafandrohung, Gründe,
          Rechtsmittelbelehrung und Kosten verweise ich auf meine
          Sicherungsanordnung vom 13.April 1939.

          2)   Mitteilg. a/Vordr. R 1 an AG.Altona, 2 x.
          3)   An die
                    Reichsbanknebenstelle Hamburg-Altona,

Betr.Ihr Schreiben vom 18.April 1939 (v.Oe/W.)
──────S.Bondy Nachlaß.
     3 Anlagen !
     ───────────

             Von den mir eingesandten Unterlagen habe ich
          Kenntnis genommen und reiche Ihnen dieselben in der
          Anlage zurück.

‚Arisierungsverfahren' für Pächter und Restschuldner

Durch eine Anordnung der Devisenstelle war es nach 1938 den Pächtern und Restschuldnern nicht mehr gestattet, das Geld persönlich bei dem Tischlermeister Heinemeyer zu bezahlen, was Manfred Zadik zunächst zu verhindern suchte. Antwort vom 17. April 1939 von Manfred Zadik über die Sicherungsanordnung für die Erben Bondys:

*„Bei den Erträgen aus dem Grundbesitz in Lurup und Eidelstedt handelt es sich im Wesentlichen (mit der Ausnahme eines Betrages von RM 500.- , die die Stadt Altona an Pachtzins zahlt) um Pachtzahlungen einer Reihe einzelner Pächter. Die Pachtzinszahlungen dieser hat bislang der von den Vollstreckern bevollmächtigte Herr Alfred Heinemeyer selbst einkassiert und nach Kürzung seiner Vergütung bar abgeliefert. Ich bitte um Klarstellung ob diese Handhabung weiterhin im Sinne der Sicherheitsanordnung liegt. Auch die der Sicherungsanordnung ... aufgeführten Restkaufgelder sind bislang in nicht gleichmäßigen Teilen von dem vorerwähnten Herrn Heinemeyer bar abgezogen und abgeführt worden. Ich bitte um Mitteilung, ob von der Devisenstelle die Schuldner einzeln benachrichtigt worden sind, so dass von diesen nur noch Zahlungen unmitelbar auf das gesperrte Konto Bondy Nachlass bei der Hamburgischen Landesbank Girozentrale zulässig sind. Das würde der bisherigen Handhabung und Gewöhnung dieser Schuldner entgegenstehen.
Der Testamentsvollstrecker Dr. Manfred Israel Zadik"*[1]

Dass dies so nicht mehr möglich war, das geht aus einem Schreiben vom 26. Januar 1940 hervor, in dem Manfred Zadik Alfred Heinemeyer darüber informiert, dass die Pachtzahlungen bzw. Hypothekenzahlungen ausschließlich auf das gesperrte Konto einzahlen dürften.[2] Einer der betroffenen Restschuldner schreibt am 2.6.39 an den Oberfinanzpräsidenten:

---

[1] Staatsarchiv Hamburg 314-15 R 1939_2012
[2] Staatsarchiv Hamburg 314-15 R 1939_2012

„hiermit bestätige ich nochmals den Empfang ihres Schreibens vom 6. April 39 worin mir mitgeteilt wurde, dass über die Hypothek von RM 2000 die der verstorbene Herr S. Bondy an unserem Hause ... stehen hatte, nur mit Genehmigung des Herrn Oberfinanzpräsidenten verfügt werden könne. Ich danke für die gütige Mitteilung und teile somit fristgemäß mit, dass eine Hamburger Firma Simon & Mühlenroth, Hypothekenmakler, die Fragen des beigefügten Fragebogens (Abschrift) beantwortet haben möchte. zwecks Kauf und Weitergabe der Hypothek, auf Veranlassung der Erben, Herrn Dr. Manfred Zadik u. Herrn Prof. Dr. Bondy, zwecks Ausreise. Da ich aber die betr. Fragen nur mit Genehmigung des Herrn Oberfinanzpräsidenten beantworten wünsche, teile ich der Devisenstelle dieses mit und bitte höflichst um gütige Antwort.*

*N.B. Erlaube mir zu bemerken, dass Ihrem obigem Schreiben vom 29. Mai insofern ein Fehler unterlaufen ist, als es nicht heißt: 16:12 000 sondern 16:2000. Heil Hitler!"[1]

Antwort des Oberfinanzpräsidenten vom 9. Juni 1939: „Gegen die Beantwortung der von der Firma Simon & Mühlenrodt hinsichtlich der Hypthek von 2000 RM an Sie gerichteten Fragen habe ich nichts einzuwenden."[2]

Die Pächter und Restschuldner wurden auf ihre Tauglichkeit im Sinne der nationalsozialistischen Ideologie hin geprüft und als mögliche Käufer für die zu ‚arisierenden' Grundstücke vorgesehen. Alte Verträge, die vor 1938 abgeschlossen worden waren, wurden ebenfalls überprüft.

---

[1] Staatsarchiv Hamburg 314-15 R 1939_2012
[2] Staatsarchiv Hamburg 314-15 R 1939_2012

Die 1936 und 1937 abgeschlossenen Kaufverträge mussten rückwirkend 1938 vom Senator genehmigt werden. Hier ein Beispiel für eine derartige ‚Genehmigung'. Sie betrifft ein Grundstück im Kiebitzmoor, vermutlich zur Kleingartenkolonie Kiebitzmoor gehörend. Diese Straße wurde nach dem 2. Weltkrieg in Franzosenkoppel umbenannt.

„Herrn
Paul E.
Hamburg-Lurup
Kiebitzmoor

18. April 1937
Auf Grund von §§ 8 und 9 der Verordnung über den Einsatz des jüdischen Vermögens vom 3. Dezember 1938 genehmige ich den am 26. November 1937 vor dem Notar Dr. Walter Weber, Hamburg Altona, zwischen
1) dem Tischlermeister Karl August Alfred Heinemeyer in Altona, Allee
2) dem Bürovorsteher Karl Theodor Heinrich Schmädeke in Hamburg, Rathausstraße
handelnd als Bevollmächtigte der Testamentsvollstrecker des am 14.9.1932 gestorbenen Kaufmanns Salomon Bondy, nämlich des Professors Dr. Karl Bondy in Groß-Breesen bei Obernigk in Schlesien und des Rechtsanwaltes Dr. Manfred Zadik in Altona-Othmarschen
und dem Tischler Paul Max Franz E.
dessen Ehefrau Margarete Waltraut E., geborene B.,
wohnhaft in Altona Lurup Kiebitzmoor
abgeschlossenen Kaufvertrag über einen Teil des Grundstücks Hamburg Lurup, eingetragen im Grundbuch von Lurup Band 1 Blatt 8 Nr 5 und die in diesem Vertrag vereinbarten Rechtsänderungen.
Diese Genehmigung wird mit der Maßgabe erteilt, dass der in bar zu zahlende Teil des Kaufpreises nach Abzug der die Verkäufer anteilig treffenden Kosten auf ein Konto eingezahlt wird, über das nur mit Zustimmung des Herrn Oberfinanzpräsidenten Devisenstelle Hamburg verfügt werden kann.
im Auftrag gez. von Allwörden Senator
beglaubigt gez. Reimer Stadtamtmann"[1]

---

[1] Staatsarchiv Hamburg 314-15 R 1939_2012

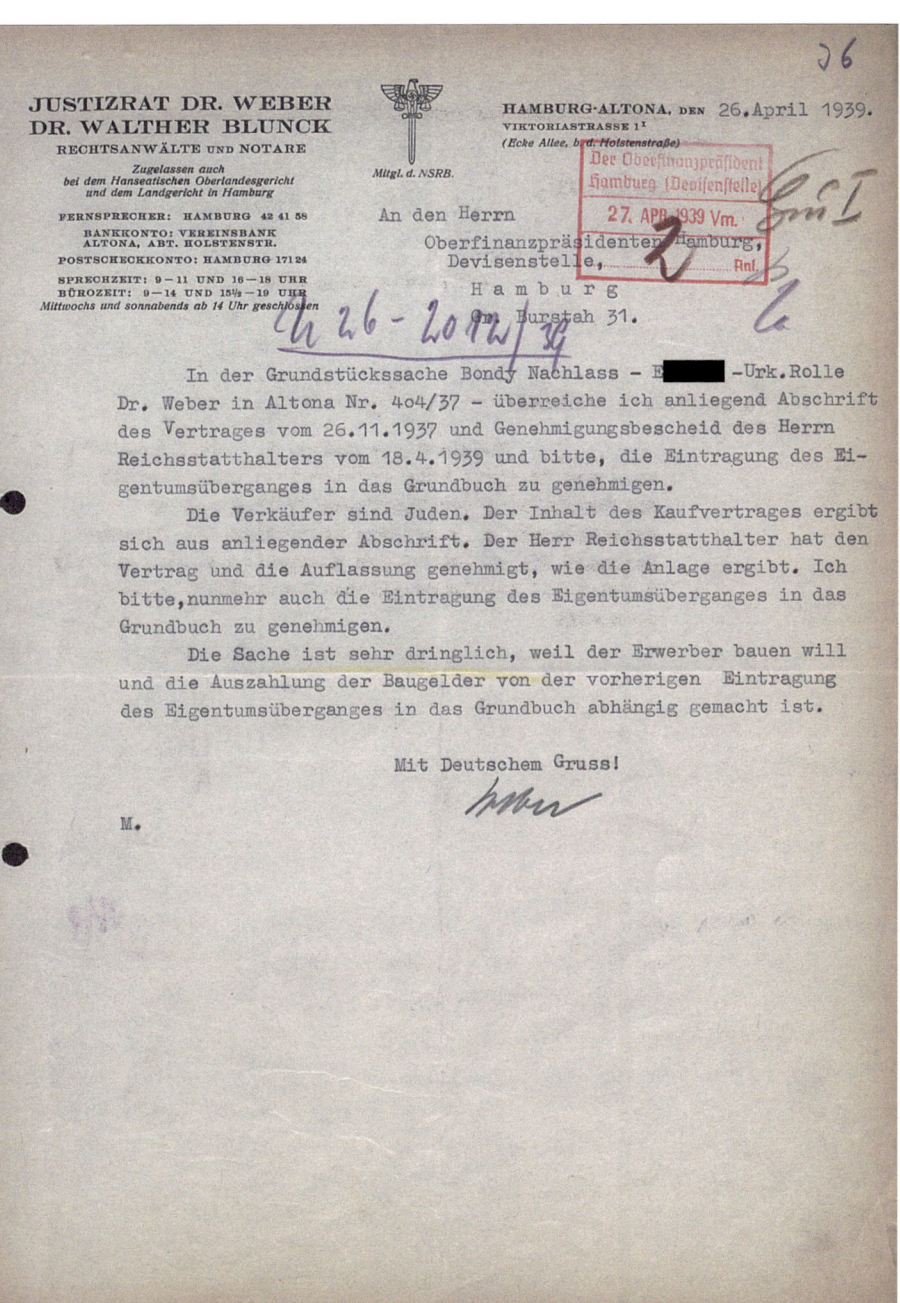

JUSTIZRAT DR. WEBER
DR. WALTHER BLUNCK
RECHTSANWÄLTE UND NOTARE

Zugelassen auch
bei dem Hanseatischen Oberlandesgericht
und dem Landgericht in Hamburg

FERNSPRECHER: HAMBURG 42 41 58
BANKKONTO: VEREINSBANK
ALTONA, ABT. HOLSTENSTR.
POSTSCHECKKONTO: HAMBURG 171 24

SPRECHZEIT: 9—11 UND 16—18 UHR
BÜROZEIT: 9—14 UND 15½—19 UHR
Mittwochs und sonnabends ab 14 Uhr geschlossen

Mitgl. d. NSRB.

HAMBURG-ALTONA, DEN 26.April 1939.
VIKTORIASTRASSE 1¹
(Ecke Allee, brd. Holstenstraße)

An den Herrn
Oberfinanzpräsidenten Hamburg,
Devisenstelle,
H a m b u r g
Gr. Burstah 31.

In der Grundstückssache Bondy Nachlass – ███ –Urk.Rolle
Dr. Weber in Altona Nr. 404/37 – überreiche ich anliegend Abschrift
des Vertrages vom 26.11.1937 und Genehmigungsbescheid des Herrn
Reichsstatthalters vom 18.4.1939 und bitte, die Eintragung des Eigentumsüberganges in das Grundbuch zu genehmigen.

Die Verkäufer sind Juden. Der Inhalt des Kaufvertrages ergibt
sich aus anliegender Abschrift. Der Herr Reichsstatthalter hat den
Vertrag und die Auflassung genehmigt, wie die Anlage ergibt. Ich
bitte,nunmehr auch die Eintragung des Eigentumsüberganges in das
Grundbuch zu genehmigen.

Die Sache ist sehr dringlich, weil der Erwerber bauen will
und die Auszahlung der Baugelder von der vorherigen Eintragung
des Eigentumsüberganges in das Grundbuch abhängig gemacht ist.

Mit Deutschem Gruss!

M.

Staatsarchiv Hamburg 314-15 R 1939_2012

Beispielhaft für die Kaufverträge nach 1939 hier ein Vertrag, der sich auf ein Grundstück im Lüttkamp bezieht:

„Der Reichsstatthalter in Hamburg
Hamburg, den 3. August 1939
Herrn Th. Schmädeke
Hamburg
Rathausstr. 16
auf Grund von §§ 8 und 9 der Verordnung über den Einsatz des jüdischen Vermögens vom 3.Dezember 1938 (RGBL. I. S. 1709) genehmige ich den am 27.4.39 vor dem Notar Dr. Walter Weber, Hamburg
zwischen
1) dem Tischlermeister Karl August Alfred Heinemeyer in Hamburg Altona, Allee 208,
2) dem Bürovorsteher Theodor Heinrich Carl Schmädeke in Hamburg, Rathausstr.16,
zu 1) und 2) handelnd als Bevollmächtigte der Testamentsvollstrecker des am 24.9.1932 gestorbenenen Kaufmanns Salomon Bondy, nämlich des Professors Dr. Kurt Bondy in Groß-Breesen bei Obernigk in Schlesien und des Konsulenten Dr. Manfred Zadik in Hamburg Othmarschen, Jungmannstr. 1, als Verkäufer,
und Herrn Willi N. J. M. Hamburg Lurup 31 Feldweg Nr. 24 als Käufer, abgeschloseen Kaufvertrag über einen Teil des Grundstücks Hamburg Lurup, an der Straße Lüttkamp, eingetragen im Grundbuch von Lurup, Band I Blatt 8 Parzelle () und die in diesem Vertrag vereinbarte Rechtsänderung.
Die Genehmigung wird mit der Maßgabe erteilt, dass der in bar zu zahlende Teil des Kaufpreises nach Abzug der die Verkäufer anteilig treffenden Kosten auf ein Konto eingezahlt wird, über das nur mit Zustimmung des zuständigen Oberfinanzpräsidenten (Devisenstelle) verfügt werden kann.
in Vertretung gez. Krogmann Bürgermeister
beglaubigt gez. Stadtamtsmann Reimer"[1]

---

[1] Staatsarchiv Hamburg 314-15 R 1939_2012

Diese Immobilie befand sich 1939 in der Nähe des SA- und HJ - Heims im Lüttkamp. Noch heute ist dem sich darauf befindlichen Häuschen anzusehen, dass es aus einem Behelfsheim hervorging. Der Baustil dieses Behelfsheimes findet sich mehrfach in Lurup, so auf einer ebenfalls von der Erbengemeinschaft Bondy enteigneten Immobilie in der Jevenstedter Straße nahe dem Kleiberweg und einem nicht zum Immobilienbestand der Erbengemeinschaft gehörenden Grundstück im Zaunweg. Dieses Behelfsheim wurde von dem SS Obersturmbannführer Alfred Nörenberg bewohnt, der 1944 an den Massenerschießungen in den Winsbergen an Zwangsarbeitern des Zwangsarbeiterlagers in der Lederstraße beteiligt gewesen war.[1] Die Bauteile dieser Behelfsheime wurden ähnlich den Leybuden, die nach dem Reichsorganisationsleiter der NSDAP, Robert Ley, vom Deutschen Wohnungshilfwerk benannt worden waren, als Fertigbauteile angeliefert. Vermutlich wurden die Behelfsheime in Lurup ebenfalls vom Deutschen Wohnungshilfswerk zugunsten systemtreuer Familien errichtet. Es ist sehr wahrscheinlich, dass ab 1942 Zwangsarbeiter und Militärinternierte, beispielsweise aus dem Zwangsarbeiterlager in der Lederstraße, oder ab 1944 die Jüdinnen aus dem Außenlager des KZ Neuengamme im Friedrichshulder Weg zur Errichtung dieser Behelfsheime gezwungen wurden.

---

[1] Anke Schulz, Hamburger Zwangsarbeiterlager in der Lederstraße 1939 - 1945, Aachen 2010, S. 43

Nach 1940 übertrug der Senator Allwörden die Grundstücke der Erbengemeinschaft Bondy an die Hamburgische Grundstücksverwaltungsgesellschaft von 1938, die damit den Auftrag erhielt, als Maklerin den Weiterverkauf zu betreiben. Spätestens nach diesem Zeitpunkt führten Alfred Heinemeyer und Theodor Schmädeke keine Verhandlungen mehr im Namen der Erbengemeinschaft.

„Abschrift der Reichsstatthalter in Hamburg
Hamburg 13, den 16. Februar 1940
an die Hamburgische Grundstücksverwaltungsgesellschaft 1938 mbH

Hiermit bestelle ich Sie gemäß § 6 Satz 3 in Verbindung mit § 2 der Verordnung über den Einsatz des jüdischen Vermögens vom 3. Dezember 1938 (RGBL.I S. 1709) als Treuhänder für den gesamten land- und forstwirtschaftlich genutzten Grundbesitz der Salomon Bondy Erben, Grundbuch von Hamburg Lurup [Anm A.S.: detaillierte Auflistung von 32 Parzellen aus dem Grundbuch von Hamburg Lurup Band 1 und 2] Grundbuch von Hamburg Eidelstedt [Anm A.S.: detaillierte Auflistung von 10 Parzellen aus dem Grundbuch von Eidelstedt der Bände 26, 2 und 3].
Diese Bestellung schließt das Recht in sich ein, einen Untertreuhänder für das Grundstück zu ernennen. Die Gesellschaft und deren Untertreuhänder sind zu allen gerichtlichen und außergerichtlichen Geschäften und Rechtshandlungen, die zur Verwaltung und zur Verbesserung des Grundstückes erforderlich sind, ermächtigt. Die Ermächtigung ersetzt in diesem Rahmen jede gesetzlich erforderliche Vollmacht.
Die Einsetzung erfolgt mit der Maßgabe, dass eine Veräußerung nur im Einvernehmen mit dem zuständigen Kreisbauernführer und der Verwaltung des Landbezirks, Hauptdienststelle Blankenese, vorgenommen werden darf. Die Gesellschaft, oder der von ihr ernannte Untertreuhänder, unterstehen gemäß § 2 Abs. 3 der genannten Verordnung der staatlichen Aufsicht.
im Auftrag
gez. von Allwörden, Senator
gez. Reimann, Stadtamtmann[1]"

---

[1] Staatsarchiv Hamburg 314-15 R 1939_2012

Die Enteignung zugunsten des Ortsbauernführers

Die Erbengemeinschaft wurde genötigt, ca. 18 ha an Immobilien weit unter Wert an den damaligen Ortsbauernführer Lurups, Hinrich Ladiges, zu verkaufen. Die Hamburgische Grundstücksverwaltungsgesellschaft von 1938 mbH bestätigt in einem Schreiben vom 21. September 1940 an den Oberfinanzpräsidenten Devisenstelle Hamburg den Verkauf *„Grundstück Lurup Bondy Testament/ Ladiges"* . *Einen Betrag von 33 583,88 RM „haben wir auf Grund Ihrer vorstehenden Genehmigung auf das beschränkt verfügbare Sicherungskonto No. 2251 S. Bondy Nachlass bei der Hamburgischen Landesbank, Girozentrale Hamburg, überwiesen."*[1] Vom Kaufpreis von 35 856,45 RM hatte die Hamburgische Grundstücksverwaltungsgesellschaft Courtage für einen externen Makler, Notariatsgebühren, Gebühren für Vermessung, an die Gerichtskasse Altona und Bankspesen an die Bank der Deutschen Arbeit abgezogen. An dem Verkauf verdiente also ein größerer Personenkreis von Maklern, Juristen und Bankangestellten.

Ladiges vermittelte die Immobilien teilweise an Kaufinteressenten weiter, darunter auch ehemalige Pächter und Restschuldner. Die Namen der Pächter und Käufer, die in der 1939 von Manfred Zadik erstellten Auflistung genannt werden, stimmen nicht in jedem Fall mit den Namen jener Käufer überein, die nach 1939 von der Hamburgische Grundstücksverwaltungsgesellschaft von 1938 mbH und dem Ortsbauernführer Hinrich Ladiges genehmigt wurden. Kaufverträge, aus denen hervorgeht, dass die Käufer davon Kenntniss hatten, dass die Eigentümer Juden waren, für die es keine juristisch korrekte Auflassung gegeben hatten, betreffen z.B. die Luruper Straßenzüge Lüttkamp, Sprützmoor, Eckhoffstraße, Kleiberweg, Böversland, Luruper Hauptstraße.[2] Teilweise sind die Nachnamen dieser Käufer noch mit den Nachnamen der heutigen Bewohner identisch.

Aus einem Schreiben vom 23. Januar 1946, das in den Wiedergutmachungsakten vorliegt, geht hervor, dass die Rechtsanwälte der Familie Ladiges (der Ortsbauernführer selbst war zu diesem Zeitpunkt bereits

---

[1] Staatsarchiv Hamburg 314-15 R 1939_2012
[2] Staatsarchiv Hamburg 314-15 R1939_196

verstorben) den Sachverhalt so darstellten, dass der Ortsbauernführer die Immobilien erwerben musste, da er aufgrund der Bebauungspläne der Hansestadt Hamburg eigene landwirtschaftlich genutzte Ländereien zur Verfügung stellen musste, es hätte sich also um eine Art Tauschgeschäft gehandelt: *„Bei dem Kauf des Geländes von Lurup Blatt 73 5 und 736 handelt es sich um rein landwirtschaftliches Gelände, das sich in keinem guten Kulturzustande befand, weil es von den verschiedenen Benutzern nicht sachgemäß bearbeitet worden ist. Der Preis für das Gelände ist ein völlig angemessener. Der Einheitswert betrug 11.600.RM— gegenüber einem Kaufpreise von annähernd 36.000.— RM. Der Preis von 2.100.— RM je ha entsprach, da es sich um rein landwirtschaftliches Gelände handelt, absolut der Angemessenheit. Das Gelände ist auch der landwirtschaftlichen Bearbeitung sofort zugeführt und wird rein landwirtschaftlich genutzt. Die Überlassung des Geländes erfolgte seinerzeit allein im Anschluss daran, daß Ladiges an der Flurstraße Lurup ein größeres Gelände der Hansestadt Hamburg zu Bebauungszwecken überlassen mußte. Durch den Erwerb der Grundstücksverwaltungsgesellschaft konnte der Verlust ausgeglichen und darüber hinaus die Wirtschaftlichkeit des Hofes erhöht werden. Ganz abgesehen davon, daß Herrn Ladiges bei Kaufbeurkundung gar nicht bekannt war, daß ein Nichtarier als Eigentümer dieser Ländereien eingetragen war, diese Übertragung ja erreicht worden, daß das Land wieder dem wirklichen Zweck, nämlich der Landwirtschaft, zugeführt wurde und zwar zu einem dem tatsächlichen Wert entsprechenden Preise. Bei dieser Sachlage haben die Erben Ladiges keinerlei Veranlassung, in eine Übertragung der Grundstücke zu willigen.“*[1]

Dass diese Darstellung nicht den Tatsachen entsprach, beweist der noch vorhandene Kaufvertrag. Allerdings existierten tatsächlich Pläne für einen Ausbau eines Dienststellengebäudes der Polizei und der Feuerwehr in der Flurstraße, die von dem Architekten Konstanty Gutschow geleitet wurden, diese können mit den Bebauungszwecken der Hansestadt Hamburg gemeint sein.[2]

---

[1] Staatsarchiv Hamburg 350-11 14401
[2] Staatsarchiv Hamburg 322 - 3 Konstanty Gutschow A_190

In einem Schreiben vom 9. März 1946 antwortet der Vertreter der Erben Bondys, Th. Schmädeke: „*Ladiges ist ganz gewiss bekannt gewesen zur Zeit des Abschlusses des Kaufvertrages, dass die Eigentümer des an ihn durch die Grundstücksverwaltungs-Gesellschaft v.1938 verkauften Grundstücks Juden waren. Ladiges war Ortsbauernführer und er wusste es natürlich schon in dieser seiner Eigenschaft. Das wusste übrigens jeder in Lurup Ansässige, denn der verstorbene Bondy war Eigentümer von ursprünglich etwa 50 Hektar Land in Lurup und Eidelstedt und zwar seit 1917. Er selbst hat zu seinem Lebzeiten viele Parzellen Land in der Größe von 500 bis 2000 qm an meistens Handwerker und Arbeiter verkauft, denen er den Kaufpreis in großzügiger Weise dergestalt stundete, dass sie ihn in kleinsten monatlichen Abzahlungen abtragen konnten. Die Testamentsvollstrecker haben das nach seinem Tode in seinem Sinne fortgesetzt. Auflassungen von Parzellen an Käufer haben auch noch während des Krieges stattgefunden. Ladiges muss in amtlicher Eigenschaft durch die nötigen Wohnsiedlungsgenehmigungen Kenntnis davon erhalten haben, dass die Verkäufer Juden waren.*
Dass sich das hier fragliche Land in schlechtem Zustand befunden hat wenigstens bis zur Übernahme der Verwaltung durch die Grundstücksverwaltungsges. v. 1938, wird bestritten. Es ist stets verpachtet gewesen und landwirtschaftlich genutzt worden vom Pächter.
Ein Preis von 21 Pfennigen pro qm. ist viel zu niedrig. Das ist ein Preis für Heideland bei Harburg und nicht für unmittelbar am Stadtrand gelegenes Gelände. Schon seit Jahren wird für solches Siedlungsgelände RM. 1.-- bis RM 2.- pro qm. erzielt. Viele Siedlungshäuser befinden sich auf dem ehemals Bondy `schen Land. Die Erben von Ladiges mögen einmal mitteilen, wie viel der Verstorbene für sein der Stadt Hamburg überlassenes Land erhalten hat. Das ist für die Gesamtbeurteilung der Angelegenheit von Wichtigkeit. Der Einheitswert eines Grundstücks, insbesondere ländlich genutzten, ist bei Weitem nicht maßgebend für seinen Verkaufswert. Er wird für Steuerzwecke festgestellt."[1]

---

[1] Staatsarchiv Hamburg 350-11 14401

Der Kaufpreis von 21 Pfennigen für Luruper Immobilien der Erben Bondys wurde durch den Verkauf ihrer in Garstedt Friedrichsgabe liegenden Immobilien durch die Hamburgische Grundstücksverwaltungsgesellschaft an die Gemeinde Garstedt von 1938 mbH noch unterboten, dort kostete ein qm 0,03 RM.[1] Udo Krell gibt in einer Fußnote zu der Hofstelle 13, die der Oberwachtmeister Karl Wilhelm Burrak 1931 gekauft haben soll, an, dass zu der Hofstelle auch eine Parzelle im Ohmoor gehöre, deren Eigentümerin die Gemeinde Garstedt sei.[2] Vermutlich ist diese Parzelle durch Hinrich Ladiges verkauft worden.

Zum Vergleich sei hier der Preis für eine Siedlerstelle 1935 der ‚Gemeinnützigen Kriegersiedlung der Nationalsozialistischen Kriegsopferversorgung GmbH' genannt, 4000 RM hatten die Käufer, die einen Ariernachweis erbringen mussten, dafür aufzubringen.[3] Der übliche Preis für dürfte bei 2 RM pro qm Bauland gelegen haben.

Das Geld für die verkauften Grundstücke ging auf das Konto der Devisenstelle. Die Familien Bondy und Zadik hatten keinerlei Vermögen mehr, als sie über die Schweiz oder Guatemala in die USA emigrierten.

---

[1] Staatsarchiv Hamburg 350-11 14401
[2] Udo Krell, Unser Lurup, Hamburg 1978, S. 245
[3] Anke Schulz, Fischkistendorf Lurup, Hamburg 2002, S. 76

Dr. Bielenberg u. Dr. Kröger
Rechtsanwälte und Notare
Hamburg-Blankenese

Zur Urschrift sind 3.-- RM (drei Reichsmark) Urkundensteuer

in Marken entwertet.

H a m b u r g , den 10. Juni 1940

[signature]

N o t a r .

Franz Werner
Inh.: CARL MÜLLER
Haus- u. Hypotheken-Makler
Hamburg-Blankenese
Bl. Bahnhofstraße 40
Fernruf: 46 04 94

Nr. 97 Urkundenrolle Jahr 1940

V e r h a n d e l t ,

H a m b u r g , am 26. April 1940.

Vor dem unterzeichneten zu Hamburg wohnhaften Notar im Be-

zirk des Oberlandesgerichts zu Hamburg,

Dr. Gerhard K r ö g e r

erschienen heute:

1. der Kaufmann Hans G ü n t h e r in Hamburg,
Vollmacht vom 9. Februar 1939, No. 581 der Urkundenrolle des Notars Dr. Harm in Hamburg, in 2. Ausfertigung vorlegend, in Vollmacht und als Untertreuhänder für die Hamburgische Grundstücksverwaltungsgesellschaft von 1938 m.b.H., diese wiederum handelnd
als Treuhänder gemäss der Bestallung des Reichsstatthalters von Hamburg vom 16.2.1940,

2. der Bauer Hinrich L a d i g e s aus Hamburg - Lurup,
Luruper Hauptstrasse 155,

zu 2 mir von Person bekannt,

zu 1 vorgestellt durch den mir von Person bekannten Hausmakler

Carl Müller i.Fa. Franz Werner in Hamburg - Blankenese.

Die Erschienenen, und zwar der Erschienene zu 1 in seiner be-

zeichneten Eigenschaft, erklärten folgenden

K a u f v e r t r a g ,

der durch Vermittlung des Hausmaklers Carl Müller in Firma Franz

Werner in Hamburg - Blankenese verabredet und geschlossen worden

ist:

Der Kaufvertrag mit Hinrich Ladiges, aus dem hervorgeht, dass neben der Hamburgischen Grundstücksverwertungsgesellschaft auch mehrere Makler und Notare an der Enteignung verdienten:

„Dr. Mielenberg und Dr. Kröger
Rechtsanwälte und Notare
Hamburg Blankenese
Zur Urschrift sind 3 RM Urkundensteuer in Marken entwertet.
Hamburg, den 10. Juni 1940
Nr. 97 Urkundenrolle 1940
Verhandelt Hamburg am 26. April 1940
Vor dem unterzeichneten zu Hamburg wohnhaften Notar im Bezirk des Oberlandesgerichts zu Hamburg Dr. Gerhard Kröger erschienen heute:
1. Der Kaufmann Hans Günther in Hamburg, Vollmacht vom 9. Februar 1939, Nr 581 der Urkundenrolle des Notars Dr. Harm in Hamburg, in 2. Ausfertigung vorliegend, in Vollmacht und als Untertreuhänder für die Hamburgische Grundstücksverwaltungsgesellschaft von 1938 mbH, diese wiederum handelnd als Treuhänder gemäß der Bestellung des Reichsstatthalters von Hamburg vom 16.2.1940,
2 der Bauer Hinrich Ladiges aus Hamburg Lurup, Luruper Hauptstraße, zu 2 mir von Person bekannt
zu 1 vorgestellt durch den mir von Person bekannten Hausmakler Carl Müller 1 Franz Werner in Hamburg Blankenese
Die Erschienenen und zwar der Erschienene zu 1 in seiner bezeichneten Eigenschaft erklärten folgenden
Kaufvertrag
Der durch Vermittlung des Hausmaklers Carl Müller in Firma Franz Werner in Hamburg Blankenese verabredet und geschlossen worden ist:
§1
Die Hamburger Grundstücksverwaltungsgesellschaft von 1938 als Verkäuferin verkauft an den Bauern Hinrich Ladiges das nachstehende unbebaute Landgrundstück und zwar
Grundbuch von Lurup Band I Blatt 38 (9 Parzellen mit genauer Angabe über den Grundbucheintrag)

Grundbuch von Lurup Band II Blatt 69 (10 Parzellen mit genauer Angabe über den Grundbgucheintrag)

170 745 qm oder gleich 17 ha 7 ar 45 qm.

Das erweisliche Eigentum der Pächter ist von dem Verkauf ausgeschlossen. Der Käufer verpflichtet sich, das Grundstück abzunehmen.

§2

Der Kaufpreis beträgt je ha RM 2100.—oder gleich RM 35.856,45. Der Kaufpreis wird wie folgt beglichen:

Der Käufer zahlt bei Beurkundung des Kaufvertrags RM 5000.—wodurch durch Unterschrift unter diesen Vertrag quittiert wird,

am Tage der Auflassung RM 30.856,45

Somit wäre der volle Kaufpreis von RM 35.856,45 beglichen.

§3

Die Übergabe des Grundstücks ist am 1. April 1940 erfolgt. Nutzen und Lasten gehen von diesem Tag an auf den Käufer über und werden nach Verhältnis der Zeit verrechnet.

Die Verkäuferin verpflichtet sich, sämtliche Urkunden und Pachtverträge dem Käufer bis spätestens am Tage der Auflassung zu übergeben, soweit sie diese im Besitz hat.

§4

Der Einheitswert für die im Grundbuch Lurup Band I Blatt 38 und Band II Blatt 69 eingetragenen nachfolgenden Parzellen (19 Parzellen mit genauer Grundbuchangabe) beträgt RM 11.600.

§5

In Abteilung II des Grundbuches Lurup Blatt I Blatt 38 ist das Grundstück wie folgt belastet: ,Das Enteignungsverfahren ist eingeleitet. Zugunsten der Gemeinde Lokstedt vorgemerkt am 21. Oktober 1932.'

Ferner hat der Oberfinanzpräsident in Hamburg (Devisenstelle) für das Grundstück die Sicherungsanordnung verfügt. Diese Belastung wird vom Käufer übernommen. In Abteilung II des Grundbuches von Lurup Blatt 69 ist das Grundstück unbelastet.

Beide Grundstücke und zwar Grundbuch von Lurup Band I Blatt 38 und Grundbuch von Lurup Band II Blatt 69 sind in Abteilung III unbelastet.

§6

Die mit diesem Vertrag verbundenen Kosten und Abgaben insbesondere die Grunderwerbssteuer nebst Zuschlag, die Gebühr für Entwurf und

Urkundensteuer, Beurkundung und Ausfertigung des Kaufvertrages, die Kosten und Gebühren für die Auflassung und die Eintragung ins Grundbuch tragen die Parteien jede zur Hälfte.

Die Maklergebühr für die vermittelte Hausmaklerfirma Franz Werner in Hamburg Blankenese trägt der Verkäufer nach den Gebühren der Groß-Hamburg Hausmakler.

Alle anderen nicht bereits erwähnten und mit dem Verkauf etwa verbundenen Steuern, insbesondere die Wertzuwachssteuer, trägt der Verkäufer, die Kosten einer etwa erforderlichen behördlichen Genehmigung, derjenige der ihrer bedarf.

Wie der Verkäufer dem Käufer nachgewiesen hat, dass die Wertzuwachssteuer bezahlt ist oder nicht zur Erhebung gelangt, ist der Käufer berechtigt 15 von Hundert des Kaufpreises einzubehalten.

Der Käufer ist berechtigt und auf Verlangen des Verkäufers verpflichtet, den einbehaltenen Betrag zur Bezahlung der Wertzuwachssteuer an die zuständige Behörde abzuführen und dies durch vorlegen der Zahlungsbescheinigungen nachzuweisen. Reicht der einbehaltene Betrag nicht zur Bezahlung der ganzen Steuer aus, muss der Verkäufer den Unterschied vorher bei der Behörde einzahlen oder dem Käufer Zahlung leisten.

Fragebogen, Vorauszahlungsbescheid und Unbedenklichkeitsbescheinigung für die Grunderwerbssteuer sollen an die Hausmaklerfirma Franz Werner, Hamburg Blankenese, zugestellt werden.

Der Käufer erteilt dem Hausmakler Carl Müller in Firma Franz Werner Hamburg Blankenese hiermit Auflassungsvollmacht.

Wir bitten die Gerichtskostenrechnung zu senden an die Hausmaklerfirma Franz Werner, Hamburg Blankenese.

Die Auflassung soll nach Erteilung der erforderlichen Genehmigungen geschehen. Sodann soll auch die Einreichung des Umschreibungsantrages beim Grundbuchamt erfolgen.

Die Parteien sind darauf hingewiesen, dass zum Kaufvertrag bezw. zur Auflassung behördliche Genehmigungen evtl. auch aufgrund des Gesetzes über den Verkehr mit landwirtschaftlichen Grundstücken erforderlich sind. Von diesen Genehmigungen ist der Vertrag abhängig. Die Genehmigungen werden hiermit beantragt.

Die Parteien sind vom Notar auch auf die Kosten- und Steuerbestimmungen hingewiesen.

Der Notar hat das Grundbuch nicht eingesehen.

Die Parteien verzichten auf Grundbucheinsicht durch den Notar. Die Erschienen wurden darüber belehrt, dass das Eigentum auf den Käufer erst nach Eintragung ins Grundbuch übergeht und die Eigentumseintragung erst nach Vorliegen der erforderlichen Genehmigungen, der Unbedenklichkeitsbescheinigung wegen der Grunderwerbssteuer und nach Sicherstellung der Gerichtskosten erfolgt.

Der Erschienene zu 2 erklärt auf Belehrung:

Auf Eintragung einer Auflassungsvormerkung wird ausdrücklich verzichtet.

Die Hamburgische Grundstücksverwaltungsgesellschaft von 1938 verkauft die bezeichneten Grundstücke für den ins Grundbuch als Eigentümer eingetragene Nichtarier Bondi.

Der Erwerber Ladiges ist Arier. Auf der Erwerberseite ist ein Jude als Vertragsschließender nicht beteiligt.

Das Protokoll wurde von den Erschienen vorgelesen, von ihnen genehmigt, und wie folgt, eigenhändig unterschrieben

gez. Günther
gez. Hinrich Ladiges
gez. Dr. Gerhard Kröger, Notar"[1]

---

[1] Staatsarchiv Hamburg 314-15 R 1939 _ 2012

gen, der Unbedenklichkeitsbescheinigung wegeh der Grunderwerbsteuer und nach Sicherstellung der Gerichtskosten erfolgt.

Der Erschienene zu 2 erklärte nach Belehrung:

Auf Eintragung einer Auflassungsvormerkung wird ausdrücklich verzichtet.

Die Hamburgische Grundstücksverwaltungsgesellschaft von 1938 verkauft die bezeichneten Grundstücke für den im Grundbuch als Eigentümer eingetragenen Nichtarier Bondi.

Der Erwerber Ladiges ist Arier. Auf der Erwerberseite ist ein Jude als Vertragsschliessender nicht beteiligt.

Das Protokoll wurde den Erschienenen vorgelesen, von ihnen genehmigt und, wie folgt, eigenhändig unterschrieben:

gez. G ü n t h e r

gez. Hinrich Ladiges

gez. Dr. Gerhard Kröger

N o t a r .

Staatsarchiv Hamburg 314-15 R 1939 _ 2012

Die Enteignung zugunsten der Hansestadt Hamburg

Neben dem Ortsbauernführer war es die Hansestadt Hamburg, die ohne Auflassung, also ohne notariell beurkundete Eigentumsübertragung als auch ins Grundbuch einzutragene Verkaufseinigung zwischen Veräußerer und Bewerber, die Immobilien der Erben Bondy erhielt. Es ist zwar in den noch vorhandenen Verkaufsdokumenten von einer Auflassung die Rede, aber den Erben Bondys selbst war als Juden die Anwesenheit bei den Verkaufsverhandlungen nicht gestattet. Max und Gertrud Bondy mit ihren Kindern Annemarie und Hans sowie Curt Bondy waren zu diesem Zeitpunkt nicht mehr in Deutschland, sie konnten bis 1939/40 ins Ausland fliehen. Nelly und Manfred Zadik gelang die Flucht im Februar 1941.

Über die im Verkaufsdokument angegebenen Markierungen in rot und blau siehe die Skizze auf S. 70.

„Verhandelt: Hamburg Blankenese den 9. April 1940
Vor mir dem unterzeichnenden Obersenatsrat bei der Gemeindeverwaltung der Hansestadt Hamburg, Verwaltung des Landbezirks, Hauptdienststelle Blankenese, Wilhelm Schumann als zur Beurkundung von Verträgen über Erwerb und Veräußerung von Grundstücken für die Hansestadt Hamburg bestellten Beamten erschien am heutigen Tag verfügungsfähig: Herr Hans Günther, vorgestellt durch den mir von Person bekannten Tarifangestellten Erwin Hacker, in Vollmacht und als Untertreuhänder für die Hamburgische Grundstücksverwaltungsgesellschaft von 1938 mbH, diese wiederum handelnd als Treuhänder gemäß der Bestellung des Reichsstatthalters von Hamburg vom 16. Februar 1940, Vollmacht von 9. Februar 1939, Urkundenrolle Nr. 581, Dr. Wolf Harms Hamburg vorlegend, und erklärte:
ich trage hiermit der Hansestadt Hamburg, vertreten durch den Reichsstatthalter - Gemeindeverwaltung - den Abschluss nachstehenden Vertrages an und bestimme für die Annahme dieses Vertrages eine Frist bis zum 20. Mai 1940 in der Weise dass die Annahme dieses Vertrages als rechtzeitig erfolgt gilt, wenn bis zum Ablauf dieses Tages die formgerechte Annahme geschehen ist, mag diese bis dahin auch nicht zu meiner Kenntnis gelangt sein:

V e r h a n d e l t

Hamburg-
Blankenese, den 9. April 1940

Vor mir dem unterzeichneten Obersenatsrat
bei der Gemeindeverwaltung der Hansestadt Hamburg, Verwaltung
des Landbezirks, Hauptdienststelle Blankenese,
Wilhelm S c h u m a n n
als zur Beurkundung von Verträgen über Erwerb und Veräusserung
von Grundstücken für die Hansestadt Hamburg bestellten Beamten
erschien am heutigen Tage verfügungsfähig:

Herr Hans G ü n t h e r,
vorgestellt durch den mir von Person bekannten Tarifangestellten
Erwin H a c k e r,
in Vollmacht und als Untertreuhänder für die Hamburgische Grundstücksverwaltungsgesellschaft von 1938 mbH., diese wiederum han -
delnd als Treuhänder gemäß der Bestallung des Reichsstatthalters
von H a m b u r g vom 16. Februar 1940,
Vollmacht vom 9. Februar 1939 Urkundenrolle Nr. 581
Dr. Wolf H a r m Hamburg vorlegend,

und erklärte:
Ich trage hiermit der Hansestadt Hamburg, vertreten durch den
Reichsstatthalter - Gemeindeverwaltung -, den Abschluß nachstehenden Vertrages an und bestimme für die Annahme dieses Vertrages
eine Frist bis zum 20. Mai 1940 in der Weise, daß die Annahme
dieses Vertrages als rechtzeitig erfolgt gilt, wenn bis zum Ablauf dieses Tages die formgerechte Annahme geschehen ist, mag
diese bis dahin auch nicht zu meiner Kenntnis gelangt sein:

1.

Die Hamburgische Grundstücksverwaltungsgesellschaft von 1938 mbH.
- nachstehend Verkäuferin genannt - verkauft an die Hansestadt
H a m b u r g, vertreten durch den Reichsstatthalter, Gemeindeverwaltung, - nachstehend Käuferin genannt - die nachstehend näher beschriebenen, in Hamburg-Lurup und Hamburg-Eidelstedt belegenen,
auf dem angehefteten Lageplan rot und blau umrandeten Grundstücksflächen, zusammen etwa 18 ha 37 ar 29 qm groß, unter den nachstehenden Bedingungen und verpflichtet sich, das Grundstück frei
von Lasten in Abteilung III des Grundbuches an die Käuferin aufzulassen.

*Die Hamburgische Grundstücksverwertungsgesellschaft von 1938 mbH -
nachstehend Verkäuferin genannt - verkauft an die Hansestadt Hamburg,
vertreten durch den Reichsstatthalter, Gemeindeverwaltung - nachstehend
Käufer genannt - die nachstehend näher beschriebenen, in Hamburg
Lurup und Hamburg Eidelstedt belegenen, auf dem angehefteten Lageplan
rot und blau umrandeten Grundstücksflächen, zusammen etwa 18 ha 37
ar 29 qm groß unter den nachstehenden Bedingungen und verpflichtet sich
das Grundstück frei von Lasten in Abteilung III des Grundbuches an die
Käuferin aufzulassen."*[1]

[Anm. A.S.: 10 Parzellen im Grundbuch von Hamburg Lurup Band 1,
10 Parzellen im Grundbuch von Hamburg Eidelstedt, Band 2, 3 und 26],
weiter heißt es in dem Kaufvertrag:

*„In Abteilung II Nr 2 des Grundbuches von Hamburg Lurup Band 1 Blatt
38 ist das Grundstück wie folgt belastet:
‚Das Enteignungsverfahren ist eingeleitet. Zugunsten der Gemeinde
Lokstedt vorgemerkt am 21. Oktober 1932.'
Ferner hat der Oberfinanzpräsident in Hamburg (Devisenstelle) Ge-
schäftszeichen U 26 - 2012/39 vom 24. April 1939 die Sicherungsanord-
nung verfügt.
Die Belastungen werden von der Käuferin übernommen.
2. Der Kaufpreis beträgt für die unter 1 genannten, im angehefteten Lageplan rot umrandeten Grundstücksflächen Rm 2.100.-- je Hektar, für die im
Lageplan blau umrandeten Grundstücksflächen RM 0,50 je Quadratmeter.
Die Bezahlung des Aufpreises erfolgt einen Tag nach der Auflassung.
Die Käuferin ist - unbeschadet der Abmachung in Ziffer 3, Absatz 3,
nachstehend, berechtigt, für Rückstände jeder Art, insbesondere für ihre
Inanspruchnahme auf Übernahme der Zahlung der Wertzuwachssteuer,
falls diese Steuer von der Verkäuferin nicht beizutreiben ist, vom Kaufpreis
einen Betrag von bis zu 15 von Hundert bis zur endgültigen Abrechnung
einzubehalten.
Der Kaufpreis und der etwa einbehaltene Aufpreis des Kaufpreises werden
bis zur Auszahlung nicht verzinst."*[2]

---

[1] Staatsarchiv Hamburg 314-15 R 1939_2012
[2] Staatsarchiv Hamburg 314-15 R 1939_2012

Überblick über den Immobilienbesitz
der Erbengemeinschaft S. Bondy in einer
kartographischen Darstellung der Hamburgischen Grundstücks - Verwaltungsgesellschaft von 1938 mbH, angeheftet
dem Kaufvertrag mit der Hansestadt
Hamburg, Staatsarchiv Hamburg 314-15
R 1939_2012
Hinweismarken von A.S. hinzugefügt:
1 Luruper Hauptstraße
2 Fahrenort
3 Eckhoffstraße (Jevenstedter Straße)
4 Kleiberweg
5 Kiebitzmoor (Franzosenkoppel)
6 Friedrichshulder Weg
7 Lüttkamp

70

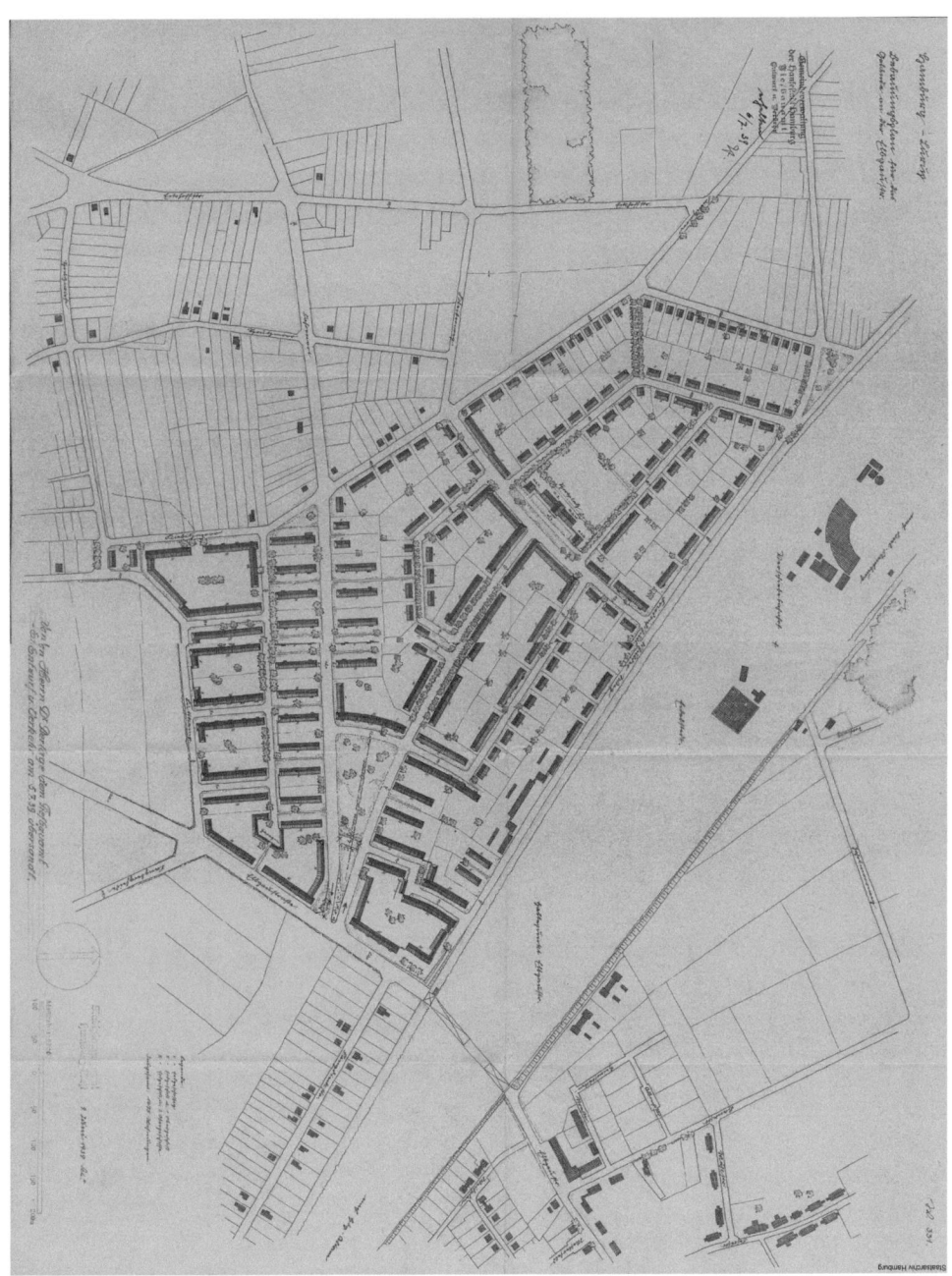

Staatsarchiv Hamburg 424-15 Bauverwaltung Altona 260 Bebauungsplan
Hamburg Lurup für das Gelände an der Elbgaustraße vom 6.7.1939
Gemeindeverwaltung der Hansestadt Hamburg Tiefbauamt

Zwangsarbeiterlager und das Außenlager des KZ Neuengamme

Einige Parzellen der Erbengemeinschaft Bondy befanden sich im Friedrichshulderweg. Ab 1943 begannen in diesem Bereich Bauarbeiten für ein KZ und zwei Barackenlager. 1944 unterhielten die Nationalsozialisten dort ein Außenlager des KZ Neuengamme, in dem jüdische Frauen für Bauunternehmen zwangsarbeiten mussten.[1] *„Das Lager wurde in einem bereits bestehenden Barackenlager eingerichtet.[2]"* Nach Matthias Hütgens wurden kurzfristig in diesen Baracken 1943 Italienische Militärinternierte kaserniert.[3] Direkt neben dem KZ mussten ab 1944 Männer, Frauen und Kinder aus Polen und der Ukraine, untergebracht in zwei Zwangsarbeiterbaracken, für die Reichsbahn arbeiten[4]. Ein Kaufvertrag vom 23.9.1942 bezieht sich auf das Grundbuch Eidelstedt Band 41 Blatt Nr. 1909 der Vereinsbank in Hamburg, die dieses Gelände an die Deutsche Reichsbahn verkaufte.[5] Da die Zwangsarbeiterlager für Polen und Ukrainer von der Reichsbahn betrieben wurden, liegt es nahe, dass dieser Kaufvertrag sich auf jene Immobilie bezieht, die für den Bau dieser Zwangsarbeiterbaracken verwendet wurde. In unmittelbarer Nähe befanden sich die enteigneten Parzellen der Erbengemeinschaft Bondy, die die Hansestadt Hamburg von der Hamburger Grundstücksverwertungs-

---

[1] Friedericke Littmann, Datenbank www.zwangsarbeit-in-hamburg.de, Hg. Landeszentrale für Politische Bildung Hamburg; KZ-Gedenkstätte Neuengamme; Freundeskreis KZ-Gedenkstätte Neuengamme e.V., 2007

[2] Hans Ellger, ein Barackenlager am Friedrichshulder Weg - ein Frauenaußenlager des Konzentrationslagers Neuengamme, in: Anke Schulz, Fischkistendorf Lurup, S. 106f

[3] Matthias Hütgens, Das Außenlager Eidelstedt des KZ Neuengamme. Der Alltag im Lager und Berichte der Anwohner. Beitrag im Rahmen eines Schülerwettbewerbs zum Thema ‚Deutsche Geschichte'. Hamburg 1983

[4] Erinnerungen Überlebender der Zwangsarbeiterlager im Friedrichshulder Weg http://geschichtswerkstatt.lurup.de/Besuch_aus_Polen.htm 2012

[5] Hans Ellger, a.a.O., siehe auch http://geschichtswerkstatt.lurup.de/KZ_Au%DFenlager.htm

gesellschaft von 1938 mbH aufgekauft hatte. Vergleicht man die den Kaufanträgen beigefügte Skizze mit den heutigen Straßenzügen, lag eine Immobilie zwischen der heutigen Franzosenkoppel, dem Friedrichshulder Weg und der Randowstraße. Das gibt Anlass zu der Vermutung, dass diese Immobilie für den Bau des Außenlager des KZ Neuengamme Verwendung fand.

Immobilien für die Kleingartenkolonie Kiebitzmoor

Auch im Kiebitzmoor lagen zahlreiche Parzellen, die von der Hansestadt Hamburg ‚aufgekauft' wurden. 1951 mussten die Siedler der Kolonie Kiebitzmoor den Bebauungsplänen der Hansestadt weichen. In der Jubiläumsschrift zum 25jährigen Bestehen der Siedlung Kiebitzmoor von 1951 beschrieb der 1. Vorsitzende der Kolonie Fischer die Geschichte der Kolonie: *„Sommer 1932, viele Menschen waren arbeitslos und konnten die Miete nicht mehr aufbringen. Damals entstand das sog. Fischkistendorf Kiebitzmoor. Das Gelände, damals der Vereinsbank gehörend, wurde eine Wohnsiedlung. Mit allem möglichem Material errichtete man Wohnlauben. Bis zur Machtübernahme Hitlers war das Gelände zu 80% bewohnt. Außer Teilschäden an Wohnlauben hatte die Kolonie keine Toten zu beklagen, trotzdem in der Nähe schwere Schäden entstanden waren. Als die Stadt das Gelände übernahm, wurde der Landesbund der Kleingärtner Gr. Hamburg Generalpächter."* [1] Möglicherweise war die Kolonie zum Teil auf ehemaligen Ländereien Salomon Bondys gegründet worden, das Sperrkonto der Erbengemeinschaft befand sich allerdings bei der Hamburgischen Landesbank, teilweise wurden jedoch auch Zahlungen von Restschuldnern über Konten bei der Vereinsbank abgewickelt. Aus den Kaufverträgen geht hervor, dass einzelne Parzellen im Kiebitzmoor 1937 verkauft wurden, die Verträge mussten 1938 vom Senator rückwirkend genehmigt werden (siehe auch S. 52). Eine Bewohnerin der Kolonie Kiebitzmoor war Frieda Reimann, sie war Jüdin und Verfolgte des Naziregimes. Sie wurde 1945 von der britischen Militärregierung in die Hamburgische Bürgerschaft berufen. Frieda Reimann war Mitglied der KPD, verschwieg in der Nachkriegszeit gegenüber ihren Parteigenossen ihre

---

[1] S. Fischer, Geleitwort zum Bestehen unseres Vereins 1932 bis 1957, http://geschichtswerkstatt.lurup.de/Kleingarten.htm

jüdische Herkunft, was ein versteckter Hinweis auf antisemitische bzw. antizionistische Tendenzen der Funktionäre sein kann. Die Bedeutung der Arisierung als Teil der Geschichte der Kolonie Kiebitzmoor bzw. des Umlandes wird zumindest einigen Bewohnern bekannt gewesen sein. Ein Bebauungsplan des Tiefbauamtes von 1939 zeigt, dass Pläne für nationalsozialistische Siedlungprojekt in dem Gebiet zwischen Kleiberweg und Friedrichshulder Weg existierten, die Repräsentationsbauten für HJ, BDM und die Nationalsozialistische Volkswohlfahrt vorsahen (siehe S. 71)[1]. Die SAGA baute 1951 möglicherweise auf den von der Erbengemeinschaft Bondy enteigneten und der Hansestadt Hamburg übertragenen Parzellen, darunter auch auf dem Gebiet der Kleingartenkolonie Kiebitzmoor, die Siedlungen des ‚Flüsseviertels‘, die auf dem Reißbrett entworfenen neuen Straßen wurden bezeichnenderweise nach Flüssen ehemaliger deutscher Ostgebiete benannt.

Immobilien für ein Gemeindehaus und einen Bunker

Aus dem Übersichtsplan, der dem Kaufvertrag zugunsten der Stadt Hamburg beigelegt wurde, geht auch hervor, dass eine Immobilie im Kleiberweg der Erbengemeinschaft Bondy beschlagnahmt wurde (siehe S. 70). Vermutlich handelt es sich um jene Immobilie, auf der nach 1945 die Emmaus Kirchengemeinde ihr Gemeindehaus errichten konnte. Auch der Bau des Bunkers zwischen der Eckhoffstraße (heute Jevenstedter Straße) und dem Lüttkamp erfolgte möglicherweise auf einer Immobilie der Erbengemeinschaft Bondy, ähnliches kann für Siedlungsbauten an der Luruper Hauptstraße und im Böversland vermutet werden.

Es sind erschreckend viele, heute wie selbstverständlich zum Luruper Stadtbild gehörende Immobilien, die auf diesem Wege ‚arisiert‘ worden sind.

---

[1] Staatsarchiv Hamburg 424-15 Bauverwaltung Altona 260

Zwangsversteigerung zweier Teppiche 1943

Die Verachtung der Nationalsozialistischen Behörden für die Erbengemeinschaft Bondys ist immer noch spürbar, wenn man die noch vorhandenen Akten durchblättert, findet man viele zynische Schriftstücke,
wie die über eine Versteigerung von Teppichen und Haushaltsgegen-
ständen in den Versteigerungshallen der Gerichtsvollzieherei Drehbahn
36 in Hamburg. Dies hat zwar nur mittelbar mit den Luruper Immobilien zu tun, ist aber als weiteres Dokument der Bereicherung von
‚Deutschstämmigen' an der Verfolgung der Bondys, die auch vor dem
Antisemitismus in Lurup hatten fliehen müssen. Diese Versteigerung
fand 1943 statt, als den Familien Bondy und Zadik bereits die Flucht ins
Ausland gelungen war, und stand im Kontext der Durchsuchung von
Umzugskartons im Hamburger Hafen, wie Jürgen Lillteicher darlegt:
*„Die von den Nationalsozialisten vorangetriebene Verfolgungspolitik hatte
in Deutschland die gewünschte Massenauswanderung von Juden aus dem
gesamten Reichsgebiet zur Folge. Sofern die „Auswanderungswilligen" für
ihren Lebensunterhalt nicht schon einen Großteil ihres Vermögens hatten
verkaufen müssen bzw. per Verordnung an staatliche Stellen abzugeben
hatten, konnten sie dieses in die Länder mitnehmen, in die man sie hatte
ausreisen lassen. Die Ausreise per Schiff geschah über die Häfen Hamburg,
Bremen und Lübeck, später auch über die Häfen Amsterdam und Triest.
Die Hamburger Personenschifffahrt hatte gegen gute Bezahlung Juden
ins rettende Ausland gebracht. Da die Ausreisenden nur wenig Gepäck
mit sich führen durften, war ihr Umzugsgut von Speditionen und Fracht-
schifffahrtsgesellschaften befördert worden. Das Umzugsgut war in so
genannten liftvans verpackt worden. Hierbei handelte es sich um contai-
nerartige Behältnisse aus Holz, die mehrere Tonnen wogen. Der Umfang
eines gesamten Haushalts mit Möbeln, Hausrat, Lampen, Teppichen,
Wandbehängen und kostbaren Kunstwerken war in solchen Behältnissen
verschwunden und sollte dann an die verschiedenen Bestimmungsorte
verschifft werden. Doch das Umzugsgut, welches nicht vor Kriegsausbruch
verschifft und am Zielort angekommen war, erreichte seinen Adressaten
nie. Im Februar 1941 hatte die Gestapo auf Anweisung des Reichsstatthalters begonnen, das Umzugsgut, welches nicht mehr verschifft werden konnte oder zurückgerufen worden war, zu konfiszieren und im großen Stil zu*

versteigern. Das waren in Hamburg allein ca. 3.000 – 4.000 liftvans gewesen, die so genannten „ausreiselustigen" Juden aus dem gesamten Deutschen Reich gehört hatten. Die in Hamburger Zeitungen öffentlich angekündigten Versteigerungen hatten Millionenwerte unter der Bevölkerung verschleudert und auch Behörden und Museen mit Möbeln und Kunstschätzen versorgt. Bis zum 31. März 1943 brachte die Versteigerung des Inhalts der liftvans einen Reinerlös von etwa 7,2 Mio. RM, die auf ein Konto der Gestapo bei der Deutschen Bank eingezahlt wurden."[1]

Bei diesen Versteigerungen konnten Privatpersonen also unmittelbar von den staatlichen Enteignungen der Juden profitieren. Es finden sich Hinweise darauf, dass auch Umzugsgut der Familien Bondy und Zadik versteigert wurde, darunter zwei Teppiche.

Die Anordnung, die Teppiche Max Bondys zu versteigern, traf der Oberfinanzpräsident im Dezember 1942. Die Vermögensverwertungsstelle gab den Versteigerungauftrag vom Oberfinanzpräsidenten weiter an das Gerichtsvollzieheramt: *„Ich beauftrage Sie hiermit, die zugunsten des Deutschen Reichs eingezogene Wohnungseinrichtung in freiwilliger Versteigerung zu verkaufen. Ich bitte, mir das Versteigerungsprotokoll und die Abrechnung zu übersenden und den Versteigerungserlös nach Abzug der Kosten auf das Konto der Oberfinanzkasse Hamburg, Rödingsmarkt 83» bei der Reichsbankhauptstelle Hamburg Konto : 2/111 oder auf das Postscheckkonto. Hamburg 11 656 zu dem Kassenzeichen zu überweisen."*[2]

Die nebenstehenden Dokumente entstammen der Akte 214-1 170 aus dem Staatsarchiv Hamburg. Ersteigerer der Teppiche im Januar 1943 waren eine Person namens Peterson und eine namens Hörnecke.

---

[1] Jürgen Lillteicher, Die Rückerstattung jüdischen Eigentums in Westdeutschland nach dem Zweiten Weltkrieg. Eine Studie über Verfolgungserfahrung, Rechtsstaatlichkeit und Vergangenheitspolitik 1945–1971, Freiburg im Breisgau 2003, S. 183

[2] Staatsarchiv Hamburg 214-1 170

Der Oberfinanzpräsident Hamburg   Hamburg, ...17. Dez. 1942
Vermögensverwertungsstelle   Rödingsmarkt 83
Aktenzeichen *V. Rkr / 5000*
Fernsprecher 36 11 91 N . . .
Sprechzeit: werktäglich von 9 – 13 Uhr
        Sonnabends bis 12 Uhr

D.R. Nr.
Eingegangen am:
18. Dez. 1942
Gerichtsvollzieher in
Hamburg

       An den Versteigerer

Herrn . . . .

        Hamburg

. . . .

Betrifft: . . . . 1. Versteigerungs-
                                   auftrag

       Ich beauftrage Sie hiermit, die zugunsten des Deutschen Reichs
eingezogene Wohnungseinrichtung usw. des *2 Teppich*

Th. Bondy . . . .

wohnhaft gewesen in Hamburg

. . . . Straße Nr. *12⎯*

in freiwilliger Versteigerung zu verkaufen.

       Ich bitte, mir das Versteigerungsprotokoll und die Abrechnung
zu übersenden und den Versteigerungserlös nach Abzug der Kosten auf
das Konto der Oberfinanzkasse Hamburg, Rödingsmarkt 83, bei der
Reichsbankhauptstelle Hamburg Konto Nr. 2/111 oder auf das Postscheckkonto Hamburg 11 656 zu dem Kassenzeichen

       V. Rkr 5000

zu überweisen.

                Im Auftrag

2 Teppiche

eingeliefert am 18. Dez. 1942

Engelmann

Justizsekretär

Gerichtsvollzieheramt.
Abteilung V.

> In allen Eingaben in dieser Sache
> ist die nachstehende Geschäftsnummer
> anzugeben.

Geschäftsnummer:

56 D.R.   232/42.
Verst.-Reg. Nr.   /193 .

Hamburg, den   12. Januar 1943.   193 .

Lgb. C. 158/42-

Auf Antrag d es Oberfinanzpräsidenten Hamburg, Vermögensverwertungsstelle, betr. Versteigerung von 2 Teppichen-eingeliefert am
28.12.42 – ab Lager Deteka – des Dr. B o n d y , Gryphiusstr.12, I.
– Aktz. Kto.5ooo –

ist auf heute Termin zur öffentlichen Versteigerung d   uhastehend verzeichneten Pfandr   ,   d

d

gehör M   und M   Antragsteller M   für eine Forderung gegen d M

im Betrage von RM   nebst RM   Kosten hafte   gemäß §

in den Versteigerungshallen des Gerichtsvollzieheramts, Drehbahn 36, —

am Ort und Stelle

anberaumt.

Zeit und Ort der Versteigerung sind unter allgemeiner Bezeichnung der zu versteigernden Sachen durch Veröffentlichung im hiesigen „Amtlichen Anzeiger", „Hamburger Fremdenblatt", „Hamburger Anzeiger", „Hamburger Echo", in den „Hamburger Nachrichten", in der „Hamburger Volkszeitung" öffentlich bekannt gemacht worden.

Nachdem sich eine Anzahl kauflustiger Personen eingefunden hatte, wurde diesen eröffnet:

1. Die zur Versteigerung gelangenden Gegenstände werden als ~~Pfand~~ *freiwillig* verkauft.

2. Bei der Versteigerung kommt der Vertrag erst mit dem Zuschlag zustande. Ein Gebot erlischt, wenn ein Übergebot abgegeben oder die Versteigerung ohne Erteilung des Zuschlags geschlossen wird. Dem Zuschlag an den Meistbietenden geht ein dreimaliger Aufruf voraus.

3. Die Ablieferung der zugeschlagenen Sache an den Meistbietenden erfolgt sofort nach erteiltem Zuschlage gegen bare Zahlung.

4. Wird das Kaufgeld nicht sogleich bezahlt, so wird die betreffende Sache anderweitig versteigert; der Meistbietende wird zu einem weiteren Gebote nicht zugelassen, er haftet für den etwaigen Ausfall; auf den Mehrerlös hat er keinen Anspruch.

5. Der Meistbietende hat ein Kavelingsgeld in Höhe von 15 % des Kaufpreises zu zahlen.

Sodann wurde mit der Versteigerung verfahren wie folgt:

Pfandverkauf.

GVA. Vordr. 90. (2000. 11. 31.)

G e r l a c h
Gerichtsvollzieher.

56 D.R.Nr. 232/1942.

Versteigerungsabrechnung
==============================

über die von der „ Deteka " eingelieferten 2 Teppiche

des Dr. Israel B o n d y ,

Bruttoversteigerungserlös vom 12.Januar 1943   =   650.-- RM

zuzüglich Kavelingsgelder (15 %)   =   97.50 "
                                                        ----

                        zusammen :   747.50 RM

Hiervon erhält der Oberfinanzpräsident Hamburg,

gemäß Abrechnung   =   609.70 "
                                                        ----

                    von den verbleibenden =   137.80 RM

sind folgende bare Auslagen in Abzug zu bringen :

1) Bekanntmachungkosten (ant.)   1.70

2) Arbeitslohn (ant.)   2.05

   (Die Rechnungen zu 1 + 2 siehe in   3.75 "
    Akte Baum 56 DR.228/42)   --------------------
                        die restlichen :   134.05 RM
                                                 ====================

sind als Gebühren vereinnahmt.

     Hamburg, den 29. Januar 1943.

                                        Gerichtsvollzieher.

            K.B.II Nr. 201/4,
            ============================

79

Wiedergutmachung?

Die Forderung nach Rückerstattung der geraubten Vermögen, der enteigneten Immobilien und die Erstattung von Schadensersatzansprüchen fand sich bereits 1940 in den Gesetzen der Alliierten. Das Bundesrückerstattungsgesetz von 1957 regelte die sogenannte ‚Wiedergutmachung.' Die Bezeichnung ‚Wiedergutmachung' entstammte der Terminologie der Rechtsbeziehung zwischen Schuldnern und Gläubigern. Als naiver Anspruch, etwas wieder gut und damit ungeschehen zu machen, spiegelt der Begriff auch die Mentalitätsgeschichte der Nachkriegszeit.[1]

„Nicht nur Privatleute hatten das unrechtmäßig erworbene Eigentum zurückzugeben. Dies galt auch für den Staat, der als größter Entzieher aufgetreten war. Meist handelte es sich bei den Entziehungen des Staates nicht um einen Erwerbsvorgang mit kaufvertraglicher Absicherung. Eine Vielzahl von höheren Parteifunktionären hatte zwar den Verkauf von Immobilien und Firmen an Privatleute vorangetrieben und entsprechende Summen aus den Verkaufspreisen abgeschöpft, doch hatte der Staat mit Hilfe seiner Finanzbürokratie selbstständig und unabhängig davon eine umfangreiche Ausplünderungspolitik betrieben. Die Finanzbeamten waren bei ihrer Tätigkeit ohne weiteres Zutun von außen zusehends radikaler geworden und hatten einen beträchtlichen Teil an Eigeninitiative aufgebracht. Der Fiskus hatte sich einer Vielzahl von Sonderbestimmungen und Verordnungen bedient und weitete zusätzlich bestehende Steuerverordnungen in diskriminatorischer Weise aus. Damit war ein fast grenzenloser Zugriff auf das Vermögen der Juden in Deutschland möglich geworden, der erst mit der Auswanderung der Juden oder kurz vor ihrer Ermordung in den Vernichtungslagern sein Ende fand.“[2] Nicht selten hatten dieselben Finanzbeamten, die die Enteignungen angeordnet hatten, nach 1945 über die Wiedergutmachungsanträge zu entscheiden.[3]

---

[1] Zur Problematik des Begriffs ‚Wiedergutmachung' siehe Peter Reichel, Vergangenheitsbewältigung in Deutschland. Die Auseinandersetzung mit der NS Diktatur von 1945 bis heute, München 2001, S. 73

[2] Jürgen Lillteicher, Die Rückerstattung jüdischen Eigentums in Westdeutschland nach dem Zweiten Weltkrieg. Eine Studie über Verfolgungserfahrung, Rechtsstaatlichkeit und Vergangenheitspolitik 1945–1971, Freiburg im Breisgau 2003, S. 180

[3] Jürgen Lillteicher, a.a.O., S. 181

„So wurden die verschiedenen Formen der Bereicherung und Korrupti-
on, wie die Beteiligung von Vermittlern und diversen Parteiinstitutionen
mit ihren schwarzen Kassen, erst gar nicht erfasst. Die Rückerstattungs-
verhandlungen reduzierten sich ausschließlich auf die Überprüfung von
Rechtsgeschäften zwischen zwei Vertragspartnern. ... Hier zeigt sich ein
weiteres Problem der Rückerstattung und der Bewältigung der Folgen dik-
tatorialer Verhältnisse überhaupt. Wenn einer Gesellschaft die Beurteilung
des selbst begangenen Unrechts übergeben wird, muss mit der Befangen-
heit der Entscheidungsträger gerechnet werden.“[1]
Die Antragsteller mussten mit langen Bearbeitungszeiten zurecht
kommen, auch die deutschen Städte versuchten mit juristischen Spitz-
findigkeiten die Wiedergutmachungszahlungen zu umgehen und sich
ihrer Verantwortung zu entziehen.[2] *„Um hier zu bestehen, brauchten die*
Kläger Ausdauerwillen und gute Anwälte.“[3]

Der Bürovorsteher Theodor Schmädeke, der die Familien Bondy und
Zadik in Verhandlungen mit den nationalsozialistischen Behörden auf
Anordnung des Gauwirtschaftsberaters seit 1937 vertreten hatte, stellte
sofort im Auftrag der Erbengemeinschaft nach Kriegsende die ersten
Anträge auf Wiedergutmachung. Theodor Schmädeke wirkte nach 1945
als „Helfer in Steuersachen.“[4] Die Behörden versuchten auf die ersten

---

[1] Jürgen Lillteicher, a.a.O., S. 178
[2] Jürgen Lillteicher, a.a.O., S. 224
[3] Jürgen Lillteicher, a.a.O., S. 191
[4] Aus Abrechnungen Manfred Zadiks geht hervor, dass Theodor Schmädeke an seiner Bevollmächtigung gut verdient hatte. Theodor Schmädeke hatte am 15.12.1947 einen eigenen Antrag auf Wiedergutmachung
gestellt. Er gab an, durch den Verlust seiner Postion als Bürovorsteher
der Sozietät Manfred Zadiks geschädigt worden zu sein und bat um die
Genehmigung einer Telefonanlage für seine neue Tätigkeit als ‚Helfer in
Steuersachen.‘ Das Amt für Wiedergutmachung kam zu dem Schluss,
dass keine unmittelbare Verfolgung durch nationalsozialistische Maßnahmen vorliege, genehmigte jedoch eine Telefonanlage. Die neue Tätigkeit wirkte sich möglicherweise auch auf sein Entnazifizierungsver-
fahren vorteilhaft aus. Er war nicht Mitglied der NSDAP gewesen und
schien zu Manfred Zadik eine fast freundschaftliche Beziehung gehabt

Wiedergutmachungsanträge mit dem Argument zu reagieren, alle Akten seien verloren, somit sei nichts nachweisbar und damit könne auch keine Rückerstattung erfolgen. Antwort vom 9. Februar 1946 von Dr. Loeffler auf die schriftliche Anfrage von Herrn Schmädeke: *„In Sachen Bondy Nachlass teile ich folgendes mit: Der Herr Oberfinanzpräsident hat unter dem Geschäftszeichen 05210 B V 11 unter dem 14.1.1946 mitgeteilt, dass wegen Vernichtung der dortigen Akten Auskunft über das bewegliche Vermögen nicht erteilt werden könne."* „Das Finanzamt Hamburg-Nord hat sich bezüglich der Steuern der Eheleute Dr. Manfred Zadik unter dem Geschäftszeichen 325/71 am 17.1.1946 wie folgt geäußert: *„Die Höhe der entrichteten Judenvermögensabgabe und der Reichsfluchtsteuer lässt sich nicht mehr feststellen, da Unterlagen hierzu nicht mehr vorhanden sind."*[1]

Dieses Argumentationsschema konnten die Behörden nicht ganz aufrechterhalten. Die weiteren Wiedergutmachungsverhandlungen führte unter anderem der Rechtsanwalt Herbert Pardo, selbst Verfolgter des Naziregimes. Für die Immobilien in Lurup und Niendorf erfolgte 1959 ein Wiedergutmachungsbescheid an den Testamentsvollstrecker Manfred Zadik, dem gemäß *„für die Entziehung eines Guthabens"* in RM umgerechnet auf DM nach einem Verhältnis 10:1 ca. 5291 DM Wiedergutmachung nach dem Beschluss des Landgerichts Hamburg, Wiedergutmachungskammer, zu bewilligen seien.[2] Das Amt für Wiedergutmachung in Hamburg hatte einen Verlust von ca. 43 000 RM zugrunde gelegt, diese niedrige Summe kam zustande, weil dem Amt die erforderlichen Belege, darunter auch Kaufverträge, nicht verfügbar gewesen seien. Zahlreiche notwendige Unterlagen, darunter auch die Dokumente, die in diesem Buch zitiert worden sind, würden fehlen und seien verschollen, so hieß es 1959. Möglich, dass dabei Luruper Seilschaften aus der NS-Zeit mitwirkten. Auch für die Verluste an weiteren Vermögenswerten wie dem Kapital der Firma ‚S. Bondy Waren-Kommission', zahlreichen Wertpapieren, mehreren Bankguthaben und

zu haben. In einem letzten Arbeitszeugnis aus dem Jahr 1941 betonte Manfred Zadik die „hohen fachlichen und menschlichen Eigenschaften" Schmädekes. Siehe Staatsarchiv Hamburg 351-11 54791
[1] Staatsarchiv Hamburg 351-11 14401
[2] Staatsarchiv Hamburg 351-11 14401

Versicherungspolicen bekam die Erbengemeinschaft keine angemessene Entschädigung. Der heutige Immobilienwert der ca. 36 Hektar in Lurup und Niendorf beträgt 90 000 000 € bei einem ortsüblichen Preis von 250 € pro qm.

Die vielen privaten Nutznießer der Enteignungen blieben straffrei. In den Akten für Wiedergutmachung findet sich kein Bescheid darüber, dass die Erben des ‚Ortsbauernführers' Ausgleichzahlungen leisten mussten. Ihr Rechtsvertreter behauptete, der ‚Ortsbauernführer' habe nicht gewusst, dass es sich um jüdisches Eigentum gehandelt habe. Dass dies eine Falschbehauptung ist, lässt sich anhand der Akten eindeutig belegen. Aus allen Kaufverträgen nach 1939 geht hervor, dass *„der eingetragene Grundeigentümer Jude im Sinne der Nürnberger Gesetzte"* sei und der Käufer *„arischer Abstammung"*. Dennoch kann dieser Vertrag von den Behörden als unbedenklich interpretiert worden sein: *„Hatte ein Erwerber weit unter Wert gekauft, war jedoch meist mehr im Spiel gewesen als die schlichte Ausnutzung günstiger Marktverhältnisse. Das Rückerstattungsgesetz verurteilte nicht prinzipiell jeden Eigentümerwechsel und respektierte damit in Teilen die Freiheit wirtschaftlichen Handelns unabhängig vom politischen Kontext."*[1]

Diejenigen, die an der Zwangsversteigerung des Hausrats der Bondys günstig zu einem ‚Schnäppchen' gelangten, wurden ebenfalls nicht belangt. Jürgen Lillteicher erläutert ebenfalls die Hintergründe: *„Die private Nutznießerschaft und kommerzielle Teilhabe bei Plünderungs- und Verwertungsmaßnahmen des NS-Staates wurde nicht verfolgt. Offenbar war die Bundesrepublik darum bemüht, ihre Bürger von Rückerstattungsforderungen, die durch den Erwerb staatlicherseits enteigneten Eigentums entstanden waren, freizuhalten. Dies galt auch für Kommunen, die wegen der Entziehung von Hausrat belangt werden sollten. Auch hier sah sich der Fiskus veranlasst, die Haftungspflicht zu übernehmen. Dadurch, dass der Fiskus die Verfolgten davon überzeugte, ihre Ansprüche ausschließlich gegen das ehemalige Deutsche Reich geltend zu machen und nicht jeden Ersteiger einzeln zu verfolgen, entband er die Nutznießer nationalsozialistischer Verfolgungsmaßnahmen in großzügiger Weise von ihrer Rückerstattungspflicht. Hatte der bundesdeutsche Fiskus diese Ansprüche einmal auf sich gezogen, verhielten sich dessen Prozessvertreter, die*

---

[1] Jürgen Lillteicher, a.a.O., S. 172

Oberfinanzdirektionen, jedoch viel streitbarer und aggressiver als private Rückerstattungspflichtige. Durch eine solche Verfahrensweise übernahm der Nachfolgestaat die Verantwortung für die Korrumpierung und Partizipation seiner Bürger bei der Ausplünderung der jüdischen Bevölkerung während des Nationalsozialismus und verhinderte damit gleichzeitig zusätzliche Unruhe, die durch eine Verfolgung eines jeden Einzelanspruches entstanden wäre. Damit blieben jedoch all jene, die beispielsweise einen Pelzmantel oder ein Möbelstück aus jüdischem Besitz günstig erstanden hatten, auch nach 1945 in dem Glauben, dass an ihrem Verhalten nichts Verwerfliches gewesen war. "[1]

Die Generation, die sich keiner Schuld bewusst werden konnte, hat diese Haltung bewusst oder unbewusst an die Nachkommen weitergereicht. Auch in Lurup und Eidelstedt lähmte das aggressive Schweigen der Täterfamilien und ihrer Mitwisser Möglichkeiten individueller und kollektiver Schuldbewältigung und die Übernahme politischer Verantwortung.

Nichts erinnert heute in Lurup und Eidelstedt an den Grundbesitzer Salomon Bondy, an den staatlich verordneten Antisemitismus, die Diskriminierung, Verfolgung und schließlich Flucht der Familien Bondy und Zadik.

---

[1] Jürgen Lillteicher, a.a.O., S. 204f

Persönliche Worte

Nur zufällig entdeckte ich vor drei Jahren bei den Vorbereitungen für einen Stadtteilrundgang erste Hinweise auf die Zwangsverpachtung der Ländereien der Erbengemeinschaft Bondy. Barbara Kersken vom Archiv der Schule Marienau war gerne bereit, mir weitere Hinweise zu geben; für diese Unterstützung bedanke ich mich sehr.

Meinen ganz besonderen Dank möchte ich den Familienmitgliedern der Familien Bondy und Roeper aussprechen, vor allem Tom Roeper, Heinz Bondy, Carolyn Bondy, Karin Roeper und Laura Roeper, sie fanden Zeit und Kraft, meine vielen Fragen zu beantworten, und sind gerne meinen Bitten um Fotos und Informationen nachgekommen. Angesichts der Ungeheuerlichkeit der Verbrechen mag es nicht einfach sein, nach so vielen Jahren auf die Anfragen einer einfachen Lehrerin und Regionalhistorikerin, die vieles erst verstehen lernen muss, so offen zu antworten.

Ich bin im Stadtteil Lurup aufgewachsen und wohne in einer Straße, in der viele Immobilien der Erbengemeinschaft Bondy ‚arisiert' wurden. Die Namen der vielen kleinen Pächter, Restschuldner und Profiteure kenne ich zum großen Teil aus meiner Kindheit, als Autoritätspersonen, als Nachbarn und teilweise hochrangige Mitglieder Luruper Vereine und Verbände. Nicht zuletzt deshalb sehe ich mich aus juristischen Gründen gezwungen, die Klarnamen jener unmittelbaren Tatbeteiligten, die kein öffentliches Amt bekleidet hatten, in der Befolgung des Datenschutzgesetzes in dieser Publikation nicht zu benennen. Ich hoffe, dass diejenigen, die von den Verbrechen profitiert haben, über soviel Charakterstärke verfügen, dass sie die Verantwortung für diesen Teil der Regionalgeschichte übernehmen.

Der Bescheid des Wiedergutmachungsamtes von 1959 ist als rechtskräftiges Urteil nicht anfechtbar, die Fristen für eine Wiederaufnahme des Verfahrens sind längst abgelaufen. Das Urteil wurde in einer Zeit gefällt, in der die Verleugnung und Bagatellisierung der Verbrechen der NS Zeit von einer Mehrheit der Bevölkerung in Deutschland befürwortet wurde. Wie aber heute damit umgehen? Weiterhin ignorieren oder sich entscheiden für faire Entschädigung, Gerechtigkeit und Menschlichkeit?

Primärquellen

Staatsarchiv Hamburg:

322-3 Konstanty Gutschow A_190
5221 Bd 1 Jüdische Gemeinden 161
5221 Bd II Jüdische Gemeinden 161
214-1 170
424-15 Bauverwaltung Altona 260
424 -20 F 14
424-20 F 11
424-24 Wohlfahrtsamt Altona_15

351-11 14401
351-11 11276
314-15 R 1938 2514
314-15 R 1939_2811
314-15 R 1939_2012
314-15 R1939_196
51-11 54791

weitere Primärquellen:

Altonaer Nachrichten 26.8.1936
Altonaer Adressbuch 1933 - 1937
Hamburger Adressbuch 1920

Nachlass Walter und Frieda Reimann,
Briefe aus dem KZ Fuhlsbüttel 1935 - 1937

Fotonachweis Fotos S. 24 und 25: Familienbesitz Familie Roeper

Das **Coverbild** zeigt das Deckblatt der Akte 314-15 R1938_2514 und die Sicherungsanordnung gemäß § 59 des Devisengesetzes gegen Manfred Zadik vom 14. April 1939 in der Akte 12032012\314-15 R1939_196, beide Staatsarchiv Hamburg

Sekundärquellen, Literatur

Frank **Bajohr,** Arisierung in Hamburg: Die Verdrängung der jüdischen Unternehmer 1933 - 1945, Hamburg 2003

Jens **Bergmann**, Beraubt, vertrieben, vergessen. Das Lebenswerk des Max Bondy. Hamburger Morgenpost 29.09.1999

Curt **Bondy**, Einführung in die Psychologie, Frankfurt/M 1967

Gudrun **Brokhaus**, Schauder und Idylle. Faschismus als Erlebnisangebot, München 1997

Ernst **Cramer**, Erinnerung an die Bondys. Gedanken zum 29. Marienauer Liebesmahl am 25. Februar 2005 im Ruderclub Favorite Hammonia, Hamburg

Björn **Eggert**, Herbert Siegfried Samson in: Landeszentrale für politische Bildung, Hg., Stolpersteine in Hamburg, Hamburg 2009

Hans **Ellger**, Ein Barackenlager am Friedrichshulder Weg - ein Frauen-außenlager des Konzentrationslagers Neuengamme, in: Anke Schulz, Fischkistendorf Lurup, Hamburg 2002, auch http://geschichtswerkstatt. lurup.de/KZ_Au%DFenlager.htm

Emmaus Kirchengemeinde, Hg., Aus der Geschichte Lurups während der NS Zeit, 1979

Klaus **Eyferth**, Gemeinschaft und Bewusstmachung, in: ,Curt Bondy, Pädagogische Probleme im Jugend-Strafvollzug, Schriften Studien zur Erlebnispädagogik, Lüneburg 1997

S. **Fischer**, Geleitwort zum Bestehen unseres Vereins 1932 bis 1957, http://geschichtswerkstatt.lurup.de/Kleingarten.htm Dezember 2012

Bettina **Goldberg**, Abseits der Metropolen. Die jüdische Minderheit in Schleswig Holstein, Neumünster 2011

Die Webseite ehemaliger **Groß-Breesener**: Gross Breesen Silesia, imigrant trainig farm 1936 - 1941, updatet june 2011, http://grossbreesensilesia.com/

Matthias **Hütgens**, Das Außenlager Eidelstedt des KZ Neuengamme. Der Alltag im Lager und Berichte der Anwohner. Beitrag im Rahmen eines Schülerwettbewerbs zum Thema ‚Deutsche Geschichte'. Hamburg 1983

Barbara **Kersken**, Gertrud und Max Bondy, Wegbereiter der modernen Erlebnispädagogik, Lüneburg 1991

Udo **Krell**, Unser Lurup, Hamburg 1978

Jürgen **Lillteicher**, Die Rückerstattung jüdischen Eigentums in Westdeutschland nach dem Zweiten Weltkrieg. Eine Studie über Verfolgungserfahrung, Rechtsstaatlichkeit und Vergangenheitspolitik 1945–1971, Freiburg im Breisgau 2003

Friedericke **Littmann**, Datenbank www.zwangsarbeit-in-hamburg.de, Hg. Landeszentrale für Politische Bildung Hamburg; KZ-Gedenkstätte Neuengamme; Freundeskreis KZ-Gedenkstätte Neuengamme e.V., 2007

Karl **Malone**, youtube, Zadik, the Zadik family reunion, hochgeladen am 23.4.2011, http://www.youtube.com/watch?v=jBcrDH72F-Y

Dirk **Meyhöfer**, Hamburg - der Architekturführer, Berlin 2007

Hilde **Michael**, Das Leben der Hamburger und Altonaer Juden unter dem Hakenkreuz: anhand ausgewählter Briefe des Dr. Joseph Carlebach, Hamburg 2009

Heiko **Morisse**, Jüdische Rechtsanwälte in Hamburg. Ausgrenzung und Verfolgung im NS-Staat, Hamburg 2003

Frank **Omland**, ‚Auf Deine Stimme kommt es an!‛, Die Reichstagswahl und Volksabstimmung am 12. November 1933 in Altona, Sonderveröffentlichung des Akens (Arbeitskreis zur Erforschung des Nationalsozialismus in Schleswig Holstein) e.V., 2008

Peter **Reichel**, Vergangenheitsbewältigung in Deutschland. Die Auseinandersetzung mit der NS Diktatur von 1945 bis heute, München 2001

Annemarie **Roeper,** Across Time and Space, youtube, 15.08.2008, http://www.youtube.com/watch?v=vwfqX90tF6w

Annemarie **Roeper**, Karen Mireau, Marienau: A Daughter's Reflections, Berkeley Dezember 2012

Anke **Schulz**, Fischkistendorf Lurup, wilde Siedlungen, Bauwagen und Lager, Hamburg 2002

Anke **Schulz**, Hamburger Zwangsarbeiterlager in der Lederstraße 1939 - 1945, Aachen 2010

Anke **Schulz**, Erinnerungen Überlebender der Zwangsarbeiterlager im Friedrichshulder Weg, Besuch von Herrn Bereza in Hamburg, Erinnerungsbericht von Frau Rembikowska und Frau Piatkowska http://geschichtswerkstatt.lurup.de/Besuch_aus_Polen.htm 2012

Jürgen **Sielemann**: Fragen und Antworten zur »Reichskristallnacht« in Hamburg, in: Zeitschrift des Vereins für Hamburgische Geschichte, 83 (1997)

Martin **Sugarman**, Jewish virtuel library, No 3 (Jewish) Troop, No. 10 Commando, http://www.jewishvirtuallibrary.org/jsource/ww2/sugar13.html, Updated February 20, 2007

Peter **Warnecke**, Laube, Liebe Hoffnung. Kleingartengeschichte.
Berlin 2001

Schriftenreihe zur Geschichte der **Weißenseer Kleingartenbewegung**,
Informationen Dokumente Analysen Teil 3 Zwangspacht zwischen
Bodeneigentümern und Kleingartenverbänden vor 1945 auch im Bezirk
Weißensee, http://kleingaertner-weissensee.de/Dokumente/Tradition.
html, November 2012

Harald **Welzer**: Die Deutschen und ihr „Drittes Reich". In: Aus Politik
und Zeitgeschichte, 14-15/2007, S.21-28

Wikipedia, Max Bondy, http://de.wikipedia.org/wiki/Max_Bondy,
Dezember 2012

Wikipedia Groß-Breesen, http://de.wikipedia.org/wiki/Gro%C3%9F_
Breesen_%28Lehrgut%29, Januar 2013

Wikipedia, Roeper-School, http://en.wikipedia.org/wiki/Roeper_
School, Dezember 2012

Wikipedia, Windsor Mountain School, http://en.wikipedia.org/wiki/
Windsor_Mountain_School, Dezember 2012